20幾歲要怎樣

時間管理X理財能力X自制力X學習力

崔英勝 著

獻給二十幾歲的職場新鮮人，青春也要有浪費的資本

為什麼別人能風光無限，開法拉利，而你卻要眼巴巴看著呢？
原因很多，但最重要的一條，就是他們擁有獲得財富的能力——
他們獲得財富的原因，與本書所提到的十三項能力有密切的關係……

目錄

目錄

第九課　規劃能力&未來永遠在自己的心中

第十課　執行能力&走好實現目標的每一步

第十三課　合作能力&實現共贏有時需要與狼共舞

前言

世上富翁不少，你一定很羨慕，為什麼別人都能風光無限，開法拉利，而你卻要眼巴巴看著呢？其實說起來，富翁有錢也絕非僥倖。有錢靠什麼？無數個財富專家和財富教育家實踐和研究後發現：「富豪本無種，他們原是凡人。」然而，他們為什麼成為了超級巨富，而我們絕大多數人都不能成為他們其中的一員？原因很多，但最重要的一條，就是他們擁有獲得財富的能力——他們為何能獲得財富，與本書所提到的十三項能力有密切的關係。本書列舉的富翁依靠著這些能力，成為他們那個時代的領軍人物。

有句話這麼說：「什麼都可以沒有，但不能沒有錢」，充分說明了錢的重要性。其實，這句話應該以改寫為「什麼都可以沒有，但不能沒有能力」，讀完本書你會發現，能力才是一切的重點。

世界上許多人對財富有天生的渴望，每個人都希望自己為社會、家庭或是企業創造財富的同時，也能過精緻、時尚的生活，這是一種幸福，這是一種對生活的善待。因此，如果讀者能夠吸取書中這些財富專家和財富教育家的寶貴經驗，你與財富將不再擦肩而過。

二十幾歲的時候，我們需要讓自己變得睿智，且開始走向成熟。二十幾歲，我們要告別初生牛犢的莽撞與任性，開始變得沉穩，掌握游刃於獨立與依附之間的生存技巧，懂得怎樣適應社會大環境，更懂得了怎樣從依賴父母走向自強獨立。

當我們還在沉溺於年少時熱情燃燒的歲月，自以為尚在年輕的時候，歲月的時鐘已經在催促我們走向社會了。而我們彷彿還沒有做好任何準備，不知道哪些事情需要去做？又該如何面對這些？不要著急，本書將從時間管理能力、理財能力、學習能力、自制力、管理能力、社交能力、創新能力、應變能力、規劃能力、執行能力、經營能力、思考能力和合作能力這十三個方面，告訴二十幾歲的年輕一代，怎樣開始人生的起點，找到自信，確立人生目標！

二十幾歲，一個美好而精彩的年齡，有春的活力、夏的繁茂、秋的成熟。二十幾歲是最容易創造奇蹟的美好時期，有年輕做資本，有旺盛的精力，還有無限機遇可以把握，踏實的向前走吧，我們一定會擁有一個美好的未來！

第一課　時間管理能力&任何時候都不能讓時間溜走

成功的富翁都善於安排時間和利用時間，不隨便浪費時間，使時間的利用率達到最高。在你致富的過程中，你需要明白，在商場上搏殺，誰搶在前面，誰就會搶到市場先機，誰就會先致富，而且是非常迅速的致富。

時間就是財富

美國著名思想家班傑明・富蘭克林說：「記住，時間就是金錢。假如說，一個每天能賺十個先令的人，玩了半天，或躺在沙發上消磨了半天，他以為他在娛樂上僅僅花了六個便士而已。不對！他還失去了他本可以賺得的五個先令。……記住，金錢就其本性來說，絕不是不能複製的。錢能生錢，而且它的子孫還會有更多的子孫。……誰殺死一頭豬，那就是消滅了牠的一切後代，以至牠的子孫萬代，如果誰毀掉了五先令的錢，那就是毀掉了它所能產生的一切價值，也就是說，毀掉了一座英鎊金山。」

這段很通俗的話告訴我們，如果想成功，想成為富翁，就必須重視時間的價值。一個成功的富翁，是絕不會讓自己的時間白白溜走的。在你致富的過程中，你要明白，你是在商場上搏殺。在商場上，誰能搶在時間的前面，搶到市場先機，誰就能先致富起來，而且是一種非常迅速的致富方法。這其實是一個搶時間的戰鬥。

香港假髮之父劉文漢，就是靠著餐桌上的一句話而發跡的。

在此之前，劉文漢只不過是一個默默無聞的小商人。一九七五年的某一天，他來到座落在美國克里夫蘭市中心的一家餐館裡吃飯。在美國這幾天，他印象最深的是美國人無時無刻不在研究發財的機會，美國人想發財的欲望令人吃驚。正當他感慨萬千的時候，他旁邊的兩個美國人每人點了一杯烈性威士忌，邊喝邊聊，談論的話題就是如何發財，有一個人說：「如果開創一個新事業，比如說生產假髮，那肯定能發大財。」那時候，很多人還不知道假髮是什麼東西，生產假髮的公司幾乎還沒有。

說者無心，聽者有意，劉文漢憑著他敏銳的洞察力，感覺到生產假髮的確是一項大有可為的事業，能給自己帶來巨大的財富。

儘管劉文漢對假髮一無所知，位就是這一次偶然，讓具有「搶時間」意識的劉文漢嗅到了財富的氣味。他堅信自己一定能在假髮業上大幹一場。驚喜之中，他彷彿看到了向他滾滾而來的財富。

回到香港後，劉文漢抓住這一有利時機，迅速在香港組織假髮生產。由於這種產品符合人們的需求心理，再加上產品品質的優良，配以新奇、生動的廣告，立即使他的假髮「怒髮衝冠，」一炮走紅。劉文漢的假髮製造業使他獲得巨大的財富，他被冠以「香港假髮大王」的稱號。一九九〇年，產品外銷總值達十億港幣之巨，在香港產品輸出中占第四位，劉文漢當選為香港假髮製造商會主席。

可見，抓緊時間，搶占商機，就等於抓住了財富之門的把手，打開了財富的大門。

凡在商海中打拚過的人，都會明白這樣一個道理：領先一步，你想不發財都難！縱觀商海，凡第一家酒吧、第一間咖啡廳、第一家桌球室、第一個炒股、第一個開網咖……用他們的話講，開張就有錢，彎腰就見錢。

因此，做事一定要善於把握時間。時間是事物轉折的關鍵刻，抓住了時機，你就可以牽一發而動全域，促進事物的轉化，推動事物向前發展，以較小的代價取得較大的效果；錯過了時機，往往會使到手的成果付諸東流，造成「一著不慎，全域皆輸」的嚴重後果。所以，能成為富翁的人，必定善於審時度勢，捕捉時機，把握「關鍵」，恰到「火候」，贏得財富。

對於時間就是財富的理解，瑞士人更有深刻的見解。

在瑞士，嬰兒誕生，醫院就會在戶籍卡中輸入孩子的姓名、性別、出生時間及家庭住址。由於嬰兒和大人用統一規格的戶籍卡，因此每一個嬰兒都有「財產狀況」這一欄。

瑞士人在為自己的孩子填寫擁有的財產時，寫的都是「時間」。他們認為，對一個人，尤其是對一個剛出生的孩子來講，他們所擁有的財富，除了時間以外，不會有其他東西。

一個人出生後，到底擁有些什麼？說到底，無非是幾十年的時間。所謂生命，也就是一個逐漸支出時間的過程。瑞士人對財富的理解，對我們或許有所啟迪。

古人云：「一寸光陰一寸金，寸金難買寸光陰」；今人道：「時間就是一道金河，莫讓它在你指尖輕輕溜過」；瑞士人認為，嬰兒出生時擁有的財富就是時間。誠然，時間就是財富，擁有了時間就是擁有了財富。

規劃時間

也許有人會問，任何人都擁有時間，可是為什麼有的人縱橫四海，而有的人碌碌無為？為什麼有的人事業輝煌，而有的人一事無成？為什麼有的人腰纏萬貫，而有的人家徒四壁？究其原因，就是因為他們利用時間這筆財富的方式不同：善於利用時間的人會使自己神通廣大，財富增值；不會利用時間的人只能使自己平平庸庸，坐吃山空。

成功的富翁都能精於計畫自己的時間，使時間的浪費減少到最低限度。認識並計畫你的時間，是每個人只要肯做就能辦到的，這也是一個人走向富翁之路的有效方法。

要想合理的利用自己的時間，就必須要首先學會計畫自己的工作時間。會不會利用時間，不是單純的看工作時間內是否充滿了各種工作。有很多人從早忙到晚，不僅在工作時間內擠滿了各種工作，即使在工作時間以外，還要尋找時間繼續工作。單純從這個現象看來，並不能表明這個人會利用時間。他的工作精神固然是好的，但他還不能稱得上是善於利用時間的能手。

要有效利用自己的時間，就需要規劃時間，如某年某月某日要做什麼事；哪些事先做，哪些事後做；哪個時間內以哪些事為重點；安排哪些時間內做什麼事等等。

美國伯利恆鋼鐵公司總裁查理斯．舒瓦普年輕時曾向效率專家艾維．利請教「如何更好的執行計畫」的方法。艾維．利看了看舒瓦普說：「我給你一件東西，能讓你的公司在十分鐘內將業績提高百分之五十。」舒瓦普覺得非常神奇。然而，艾維．利卻只遞給舒瓦普一張空白紙，對他說道：「請你在這張紙上寫下明天你將要做的六件最重要的事。」舒瓦普只用了五分鐘就寫完了。

艾維．利接著說：「現在用數字標記每件事情對於你和你的公司的重要性次序。」舒瓦普這次又用了五分鐘。

艾維．利說：「好了，現在你可以把這張紙放進口袋了，明天上班後，第一件事就是把這張紙條拿出來，然後按照上面的計畫做第一項最重要的事情。記住，不要看其他的，只看第一項，並認真辦完，然後再用同樣的方法對待第二項、第三項……直到你下班為止。如果你只做完了第一件事，沒有關係，那說明你總是在做最重要的事情。」

艾維．利最後說：「每一天都要這樣做，你剛才看到了，你只用了十分鐘時間就完成了第二天的計畫。當你對這種方法的價值深信不疑後，你還可以讓你公司的員工也這樣去做。這個試驗你喜歡做多久就做多久，然後給我寄張支票來，你認為值多少就給我寄多少。」

一個月以後，舒瓦普給艾維．利寄去一張三萬美元的支票，還有一封信。信中說，那是他一生中最有價值的一課。

五年之後，這個當年不為人知的小鋼鐵廠一躍而成為世界上最大的獨立鋼鐵廠，當然這與當年艾維．利提出的建議是密不可分的。

現代管理學大師彼得．杜拉克指出，時間是一種獨特的資源。在一個企業的主要資源中，金錢可以是相當充裕的，因為限制經濟增長和活動的是資本需求，而不是資本供給；人才我們可以雇用，雖然很難雇用到足夠優秀的人才。但是，我們卻租不到、雇不到也買不到時間，也不能用其他辦法獲得更多的時間。每個人所擁有的時間都是一定的，不管對時間的需求有多大，時間的供給都絕不可能增加。它最容易消失，也無法儲存，一旦過去，永不復返。因此，時間的供給只能是極其短缺的，也完全沒有替代品。在某一限度內，我們可以用一種資源替代另一種資源，如資本替代勞動等；我們可以擁有更多的知識或更多的體力，但惟獨時間沒有替代品。所以，要充分利用時間創造價值，創造財富，就必須學會計畫時間，讓時間為我們工作，為我們創造最大財富量。

但是，有計畫的利用時間，並非要求你把用來工作的時間全部填滿工作內容，計畫時間，主要是合理的安排最主要的工作和最關鍵的問題。這些工作和問題，只要安排得適時和得當，就會像機器的主軸帶動整個機器運轉那樣，促使其他的事情按時完成。

一位富翁的一生成就卓著，當晚年人們問起他：「你怎麼能做那麼多事呢？」「您看看我的時間表就知道了。」他的作息時間表如下：五點起床，規劃一天事務；上午八點至十一點和下午兩點至五點，工作；中午十二點至一點，閱讀、進餐；晚上六點至九點，晚餐，談話，娛樂，總結一天的工作。

雖說時間就是財富，但是只有那些學會合理支配，規劃時間的人，才能充分利用好時間這筆最寶貴的財富。

前任惠普公司的總裁格拉特總是喜歡把自己的時間計畫得清清楚楚，他每天會花百分之二十的時間和客戶溝通，百分之三十五的時間用在會議上，百分之十百分之十的時間在電話上，百分之五的時間在看公司的檔案上，剩下的時間就用在和公司沒有直接或間接關係，但卻有利於公司的其他活動上。另外，他每天還要給自己留下一些空檔的時間來處理那些公司的突發事件。

由此可見，真正會計畫時間、讓時間來創造財富的人，不是把大量時間都花於忙亂的雜事工作中，而是用在擬訂計畫中。一個能幹的經營者，會用很多時間去周密的考慮工作計畫——確定工作目標的手段和方法，預定出目標的進程及步驟。他不但在年初這樣做，在動手做每件事以前也這樣做。就是說，在這些想致富的人看來，大目標有大計畫，中等程度的工作有中等程度的計畫，小的工作則有小的計畫。總之，不論大事小事，都會事先周密考慮。一旦做出完整的計畫，執行起來就很順利，財源自然滾滾而來。表面看來，做計畫和考慮問題的時間占用得多了，但實際上，從總耗用時間量來計算，卻節省了許多寶貴的——即壓縮時間的流程，充分利用了每個單位的時間，使每一分鐘每一秒鐘都得到了充分的利用。

堵住時間的漏洞

善用時間，不僅僅是在善用你的生命，還是在為你創造財富。如果你自己隨便浪費時間，那不僅是在謀害自己的生命，也是在浪費你的財富。

善於利用時間，就要學會珍惜時間。

有人算過這樣一筆帳：如果每天臨睡前擠出十五分鐘閱讀，一個中等水準的讀者讀一本一般性的書，每分鐘能讀三百字，十五分鐘就能讀四千五百字，一個月按三十天來算就是十三萬五千字，一年的閱讀量可以達到一百六十二萬字。而書籍的篇幅從六萬字到十萬字不等，平均起來大約每本為七萬五千字。每天讀一刻鐘，一年大致就可以讀二十多本書。這個數目是相當可觀的，它要遠遠超過世界上人類平均年閱讀量，而且，這個目標並不難實現。

同樣，在你致富創業的道路上，如果覺得自己缺乏思考問題的時間，也不妨試著堅持每天睡前擠出十多分鐘的時間進行思考。一旦形成了習慣，長期堅持下去會有很大的好處。

除了利用好餘暇時間之外，富翁們還非常善於使用零碎時間。比如在車上時，在等人時，可學習，可思考，還可簡短的計畫下一個行動等等。將零碎的時間用來從事零碎的工作，可以最大限度的提高工作效率，創造價值。當然，利用零碎的時間，短期內也許並不會出現什麼明顯的感覺，但積年累月，將會有驚人的成效。

當比爾·蓋茲在一九七五年成立微軟公司剛剛創業的時候，全世界最頂尖的公司叫IBM，由湯姆·斯華生領導。當時一台電腦足有現在我們整個攝影棚這麼大，但是比爾·蓋茲的眼光已經看到二十五年之後，我們的桌上會擺上一台小型的電腦。然而，IBM則不是這樣認為，這從它的名字也可看出來：I代表internation即國際，B代表business即商務，M代表Machine即機器，所以IBM認為它的主要顧客是公司而非個人，而公司一般用大型電腦。

但是蓋茲說：「我想編寫電腦軟體，這是件非常專業的事。我知道它會成為一個很大的行業。我不知道自己能否成功，但我預感到電腦將會成為每一張辦公桌上很有價值的工具，而且最終會成為每個家庭有價值的工具。」

一九七八年，當英特爾（Intel）公司這個當時世界最大的電腦硬體製造商才剛剛開始設計研製「8086」晶片時，微軟的工程師們已經在利用英特爾的工程師們寫的說明書來研發他們的軟體了。軟體走在了硬體的前頭，這樣做似乎沒有必要。

但是，從創業以來，微軟公司內部一直有一種相當狂熱的工作氣氛，這種氣氛在時刻推動著所有的員工拼命工作。因為在他們身後，有一個叫做比爾·蓋茲的魔鬼在不斷的催促他們：「快點！快點！」

微軟公司實際上在做一次投機冒險。因為過去軟體研發項目總是等硬體機器出來，然後各路英雄一道衝上去，誰做的最好，誰就會成功。在同一起跑線上，很難說誰就一定得第一。微軟公司這一次的策略是搶跑。但是存在著相當大的風險，如果機器出不來，那麼微軟公司就算白做了一場，損失當然也很重大的。可是，如果新型機器做出來了，那誰也無法和微軟公司競爭了，微軟肯定是第一。

事實證明，微軟公司的這個決策得到了回報，它又一次賺到了錢。

從起步開始創業，到二十五年之後，蓋茲已經憑藉著 DOS、WINDOWS 等作業系統牢牢占據了軟體市場，身價超過六百億美元，與同樣在一九七五年創業的，創辦了蘋果電腦公司的總裁賈伯斯相比，足足超過了六十多倍（賈伯斯在二十四歲的時候資產一度高達五億美元，成為全美年輕人崇拜的偶像）。幾乎位於同一起跑線上，為何二十五年後身價會有如此大的差距？難道蓋茲比賈伯斯聰明六十多倍嗎？不可能。這其中的原因只有一個，那就是蓋茲抓住了最初的時機，利用一切時間將軟體發展走在了硬體的前端。

IBM 雖然是當時最頂尖的公司，賈伯斯雖然掌握了個人電腦的趨勢，但蓋茲了解控制電腦硬體的是軟體，軟體應該是一個更大的趨勢，他利用了一切可利用的時間，爭取時間占有市場，創造財富，所以蓋茲會成為世界首富。

在這個節奏快得能讓人難以喘息的社會中，只有跟上節奏，抓住一切可利用的時間和機會，才有可能成功。在你的致富過程中，時間浪費是最奢侈的浪費，想要珍惜時間，而你有必要找到所有浪費時間的漏洞，然後採取必要措施，堵住這些時間漏洞。請你仔細看看以下所列的內容，自己是否存在這些漏洞：

首先，你在開始進行某項工作時，是否有如下行為：

每天早晨至少賴床十五分鐘。

每天晚上沒準備好第二天的工作就上床睡覺。

慢吞吞的吃早飯。

不認真思考，經常使工作重做。

喜歡無事閒聊。

辦公事內喜歡辦私事。

工作中磨磨蹭蹭。

其次，你要看看自己是否會因為混亂而造成時間浪費：

同一時間做各種不同的工作。

將問題一一攬過來。

時間沒有用在正確問題上。

沒有先做最重要的工作。

工作中時斷時續。

第三，審視一下自己是否由於貪玩造成了時間浪費：

工作時間悄悄出去買東西。

花大量時間看電視、電影。

堵住時間的漏洞

經常外出喝咖啡、會客。
參加不必要的聚會。
會見來訪者時間過長。
過多的接打無用的電話。
第四，看看自己是否由於過度執著而造成時間浪費：
即使已經意識到再談也沒有效果，還會繼續談話。
重要事實的關鍵所在已經清楚，還要喋喋不休的調整細節。
過度長期關注一個問題。
第五，你是否會因為辦公不得法而造成時間浪費：
沒有精選閱讀材料。
沒有抓住事件的核心內容。
沒有實行快速閱讀。
保留無用的記錄。
透過明確上述的時間漏洞，現在你已經能夠找出浪費時間的原因了，那麼你就有條件堵住浪費時間的漏洞，為賺取你的第一個一百萬做好良性準備。

遵循「80/20 法則」

「80/20 法則」即帕雷托定律。帕雷托定律是十九世紀末二十世紀初義大利經濟學家帕雷托發明的。他認為，在任何一組東西中，最重要的只占其中一小部分，約百分之二十，其餘百分之八十儘管是多數，卻是次要的。因此，只要能控制百分之二十的重要因數，就能控制住全面。

符合「80/20 法則」的例子隨處可見，比如：企業百分之八十的利潤來自於百分之二十的產品；商場百分之八十的銷售額源自百分之二十的客戶；餐廳百分之八十客人點菜集中在菜單上百分之二十的菜品上；看報紙百分之八十的時間花在百分之二十的版面上等等。學習時間管理，提高時間的利用率，就要找出最重要的事情，將時間花在最重要的百分之二十的事情上，而不要花在百分之八十瑣碎的事情上。

在致富過程中，成功的富翁在利用時間方面也會遵循「80/20 法則」。他們會利用百分之八十的時間來處理最重要的百分之二十的業務。讓你在工作時「優化程序」，即簡化不合理的工作程序，在有限的時間裡做最重要的事。

對一個經營管理者來說，往往在他的案頭會有許許多多、大大小小的問題或任務排成隊，等待他去處理。如果要按單向排例順序，什麼工作來了就做什麼工作；什麼麻煩來了，就先處理什麼麻煩，天長日久，就會形成「事無巨細，一律平等，一律照辦」的工作習慣。這樣的習慣在客觀上就會導致數量眾多的「小事」，淹沒了非常重要的「大事」，導致因小失大的錯誤發生。還有的人有這樣的工作習慣，就是總喜歡優先處理最緊迫的事情，而實際上，最緊迫的事情卻未必是那百分之二十最重要的事情。

著名時間管理大師彼得．杜拉克曾用一個例子來說明百分之二十最重要的事的主要性。

一家醫藥大公司的經理在剛上任時，他的公司規模很小，只在一個國家開展業務。然而十一年後，當他退休時，他的醫藥公司已發展成為世界性的大醫藥公司了。原因何在？

作為一名總經理，要他在任期內做成這樣一樁難度極大的工作已非易事。但是這個人竟然做成了三件事：為公司制訂出全球策略；將公司建成有強大實力的全球性企業；為公司培育出一支實力強勁的專業隊伍。他能取得這些成績的一條重要經驗，就是每次都集中精力做好一件事。

剛上任的前幾年，他幾乎將全部精力都集中在研究工作上，考慮發展方向，制定研究計畫，網羅研究人才。公司必須要有自己的發展方向，要開發自己的產品。就這樣，他花了五年時間，終於在兩個重要領域使公司處於世界領先的地位。

接著這位管理者又將這家企業發展成為國際性的大公司，在仔細分析了藥品消費的趨向之後，他做出了這樣的結論：醫療保險和政府推行的醫療保健制度將會使藥品的需求量大大增加。這種做法不僅使其在那些國家的藥品市場上獨占鰲頭，而且又不會冒排擠其他國際醫藥公司的風險。

在其任職的最後五年中，他集中全部精力制定一種適合現代醫療制度的策略。這種制度，很快就把醫療變了一種「公用事業」。

可見，用多數時間做最重要的事完全可以提高你的時間效率，創造大量的財富。而最重要的事，是可以以社會效果和經濟效益為準繩來確定時間順序的排列的。

支配時間的方法

一個成功的人，善用他的時間，是最大的成功因素之一。不論是企業，還是掌控企業的個人，當事業發展到一定程度，時間不夠用，往往是普遍的現象。既然誰也無法獲得比別人更多的時間，那麼唯一的辦法是掌握支配時間的方法。

想要成功的支配時間，首先你可以使用估計、分配與控制等方法，還可以利用排定事件先後次序、工作時間表以及分配任務等方式，來達到目的。只要一開始就將所有的活動按部就班的做成記錄，工作效率自然就會提高。

其次，要排定對各種事物的處理順序。對於各種不同的事，是否分配了恰當的時間去做？是否將有限的幾小時利用得有效？要將這些問題放在首要地位進行思索，仔細分析所有的活動，然後必須決定何事應先處理。有許多人都從公文堆最上面的一件事開始做，結果很可能使堆在下面的舊公文「越陳越香」了。很多事，就是因此被擱置以致成了無法解決的問題。

要避免這種錯誤，只有在每天晚上或早晨，坐在辦公桌前先看看那些堆在案上的東西，花點時間瀏覽一番，並且歸類，分成數堆，再分清緩急依次排好，這樣，「陳年老酒」就可絕跡了。

第三，要學會分派工作。當你應用這原則去處理事情時，一定會發覺有些事已拖延了好幾天，甚至好幾個星期。通常在這種情況下，是應該實施企業管理上的分層負責制度了。

美國某電腦公司的總裁庫拉特，每年有三分之二的時間都不在公司。那麼他怎麼會有時間和客戶溝通呢？關鍵在於授權。

他聘用一些退休的主管來擔任這項工作。他把與客戶的電腦溝通工作都授權出去了，所以雖然他不與客戶直接溝通，卻仍然可以了解到客戶的需求。庫拉特還授權別人替代他到外界去演講。因為他有授權，所以他才有更多的時間。

越來越多的富翁們，都學會了讓別人來掌握自己的時間表。這並不代表他們失去了自我控制，相反的，他們可以更自由的針對目標和策略做更廣闊的思考。當然，這就要求你必須有一位得力的助手才行。美國東南航空公司的最高執行長官凱勒赫，他授權他的副總裁（他的法律祕書）全權管理他的時間表。每天副總裁都會給他一張待處理的清單，裡面的事情分成兩類，一類須立刻完成，一類是最慢可以延長到明天早上完成的。這個效果非常神奇。

第四，富翁們都很會分配自己的時間。當你注意一天的每一件工作時，就必須決定該花多少時間在這上面，我們把這稱為「分配時間」。只有合理的分配自己的時間，你才會將一些不必要的瑣事分配給下屬去操心，而不是完全滯留在你的工作表上，這可替你省掉不少的麻煩。

有一位身任數家商業雜誌的總編輯，要求屬下每天把信件都送到他辦公室裡，他必須親自拆信、看信，再把信件分成若干堆，然後決定分給屬下哪位編輯處理，接著親自送到每人桌上。這個過程要花掉他一個小時，於是，他每天加班，要不然就帶著「家庭作業」下班，才能把工作完成。更糟糕的是他的編輯人員，每天都在等著他送信來。這位總編輯之所以會這樣，就是他想知道屬下究竟是在做什麼事。但終於，他覺悟到自己只是在虛耗時間。以後，他的編輯開始直接收信，並做成新聞或新動態的摘要呈遞給他，事實證明以往他一直浪費了大半的時間，因為幾乎有三分之四的信件是向廢紙簍報到的。

第五，你要排定好自己的時間表。某石油大公司的一個培訓主管，為推銷員設計了一個預估工業產品推銷方法，他給每人一張表格，並建議他們在每週開始前將它填好。填表只要三十分鐘，但在填完後每個人須找出訪問客戶的最佳途徑，而且對客戶需要做的事，也都記在上面，再不會被遺忘掉了。把事情依其重要性列成表，從最重要的開始做，完成後，核對一下，再從表中刪掉它。何時開始做記錄表並不重要，重要的是你心中必須經常有時間表的觀念。

這類表的主要作用是，你一次只能做一件事，如果一心兩用，那你就已經失去了處理眼前事的能力。

第六，你需要能夠應付各種意外事件。火車、飛機、公共汽車、輪船等都依時刻表運行，但依然會有意外發生，同樣的情形也可能發生在你身上。所以，為意外事件預留時間，是很明智的做法。如某百貨公司的經理，很早就計畫在星期一舉行大減價促銷活動，而很不巧的是，星期日恰好是該公司一年一度的員工野餐活動。當天豔陽高照，大家玩得很盡興。然而到了星期一早晨，四分之一的職員因前一天在活動中陽光被晒傷而請假，籌備已久的大減價活動被迫取消了。這就是未預留處理意外事件的時間的一個例子。

聰明的富翁會有三個預防此類事件發生的方法：其一，每個計畫都留有多餘的預備時間；其二，努力使自己在不留餘的又飽受干擾的情況下，完成預計的工作。這並非不可能，事實上，工作快的人通常比慢吞吞的人做事精確一些；第三，另準備一套應變計畫。

時間管理備忘錄：

NO.1　時間是我們生命中最能創造價值的財產。

NO.2　致富的祕訣在於抓住現在。

NO.3　善於利用時間，才能做出更大的成績。

NO.4　用百分之八十的時間，做百分之二十最重要的事情。

NO.5　無法獲得比別人多的時間時，只能學會支配時間。

本節測試：你是否具有時間管理能力？

有人統計過，一個人如果活七十二歲，平均起來，他的時間分配大約是：睡覺二十年，學習、工作十四年，文化娛樂、運動八年，吃飯六年，坐車、走路五年，化妝、打扮五年，聊天四年，閱讀三年，等人三年，生病三年，打電話一年。不算不知道，一算嚇一跳！這個統計的確讓人觸目驚心，原來我們的一生當中竟有那麼多寶貴的時間是浪費在毫無意義的事情上。

時間管理是規劃時間、監督、評估的過程。下面這個測試，可以考察你自己是否具有駕馭時間的能力。如果你缺乏管理時間的能力，要馬上行動進行補救哦！

1. 最近我總是覺得很焦慮、身心疲憊？
A. 是的　B. 否

2. 我總是辦公室裡最後一個走的？
A. 是的　B. 偶爾

3. 在辦公室裡上網時，我一半以上時間都用來聊天、看新聞？
A. 好像是哦　B. 否

4. 每天我大約接到或打出多少次私人電話？
A. 5個以上　B. 2～3以內

5. 電腦故障時，我往往不得不搭進一整天的時間去「修理」它？
A. 是這樣的　B. 不會，我會找技術部人員幫忙

6. 翻譯英文資料時，突然出現一個不認識的日本名字讀音，我會？
A. 不恥下問，四處找人求教　B. 在Google上搜一下

7. 同事來找我幫忙時我總是說……
A. 沒問題　B. 等一下好嗎？

8. 明明覺得自己做了很多事，主管卻說我什麼都沒做？

A. 是　　B. 否

計分：選A得3分，選B得1分

測試結果與對策：

第1、2、3、4選擇A，得分超過10分的屬於無計畫浪費時間型，建議你學會羅列每週的工作計畫，上週五或週末定好，從週一就開始實施，合理利用工作時間內的每一段。每天都有計畫好的工作量要完成，就會下意識的限制自己發呆、聊天、打電話或瀏覽網頁，將它們盡量縮短，或者等到當天工完成之後再去做，這會為您節省大量的時間做有用的事。

第1、2、5、6選擇A，得分超過10分的屬於無效率浪費時間型，如果你不願意向其他同事請教，與同事交流彼此的工作方法，那你至少要觀察一下別人是如何工作的；節省等待的時間，盡量讓自己在等待的同時做好另外一件事。不必每件事都事必躬親，能讓別人代勞的就讓別人代勞，利用這段時間做好其他事。

第1、2、7、8選擇A，得分超過10分的屬於意外浪費時間型，相信很多人都有這種經歷：本來不屬於自己的事，結果卻礙不過情面，幫了別人的忙，耽誤了自己的事。如果你有這種困擾，建議你學會不傷和氣、客氣委婉的拒絕他人。明確自己的職責，超過自己能力範圍以外的，盡量予以回絕。你可以用工作正忙作為藉口，也可以直接告訴對方這超出了自己的能力範圍，建議他去找相關專業的其他人，或者用「拖」字訣，使對方主動失去耐心，另尋他人幫忙，為自己節省時間做重要的事。

第二課　理財能力&記住，你的錢要這樣花

能夠長久保有財富的富翁們都各有一套理財方法，他們並不是像我們想像的那樣揮金如土、任意揮霍，相反，他們有時表現得很樸素而且懂得該怎樣花錢。

做金錢的主人

真正能夠擁有金錢並支配金錢的人絕不是「馬無夜草不肥，人無橫財不富」的暴發戶，他們具有堅韌不拔的毅力和敏銳的眼光，他們從不做破壞「遊戲規則」的巧取豪奪和侵占公司財產的損人利己行為。因此，在自我成功的人物身上，似乎很難找到他們暴發前後有什麼變化，洛克菲勒如此、亨利．福特如此，那麼當年比爾．蓋茲這位暴發的最迅速的年輕人呢？血氣方剛的他，會不會迷失在金錢中成為被金錢支配的奴隸呢？

被人們看成財富、智慧與新時代象徵的比爾．蓋茲有時候也會忘記自己已經是多次蟬連世界上最富有的人了。他從不因為富有而矯揉造作，依然保持著年輕時的本色。了解他的人都一致這麼認為，比爾．蓋茲永遠是金錢的主人。

人們經常可以在機場遇見富有的比爾．蓋茲，他仍然是身著輕便長褲、開領襯衫和運動鞋，甚至都不是名牌。他也仍然喜歡獨來獨往，而不是前呼後擁，人們很難發現他有什麼顯著的變化，甚至他還親自排隊買漢堡。見到熟人依然是那麼隨意和瀟灑：「你好！讓我們去吃個熱狗，喝杯咖啡如何？」

以微軟的業績而言，比爾．蓋茲無疑是可以獲得全美最高收入，但他的工資僅屬於中等偏下。一九九一年為大約兩百七十三萬美元。即使在微軟公司內，也僅能排在第五位。

關於比爾．蓋茲在花錢上如何保守有不少趣事。

一次，比爾．蓋茲和埃弟．羅仁同車前往謝拉頓飯店開會，由於飯店地處西雅圖下區，結果去晚了，以致找不到車位，這時，羅仁建議停在飯店的貴賓車位。

「噢，不，這可要花十二美元，這不是一個好價錢。」比爾．蓋茲強調道。

「我來付。」羅仁堅持道。

「那可不是好主意，」比爾．蓋茲答道，「他們超值收費。」

這就是比爾．蓋茲的過人之處。羅仁在對人講這件事時強調：這並不是吝嗇，要知道，比爾．蓋茲在請客戶吃飯之類的事情上相當大方，他只是厭惡物值不符。

比爾．蓋茲過著適度的生活，以致無須出售持有的股票，相反，他的股票因為分紅配股而越來越多。就這樣，一個不在意錢的人成了世界上最富有的人。因此，適度、冷靜的面對金錢對你的人生成功將大有裨益。

如何不成為錢的奴隸，而是成為金錢的主人呢？認清財富的作用，明確花錢的目的，制定消費計畫，按照自己的需求明明白白的分配和管理自己的錢才是做金錢主人的真諦。

金錢價值比不同

同樣金額的金錢，對不同目標有不同價值，針對不同的目標，一元的價值也是不一樣的。同樣一百元，在不同的人那裡有不同的價值。

金錢價值比不同

喬治在大學畢業後，直接去了一家中型公司上班，老闆很看重他，安排他做生產線主管。在給工人申報月獎金時，喬治建議發給每人不低於一百五十元的獎金，因為他了解工人的辛苦。結果，老闆卻改為最低五十元，最高不得超過一百元。喬治覺得老闆心太黑了，也是他血氣方剛就去找老闆理論。

老闆涵養很好，並沒有因為他的暴怒而大發脾氣，而是耐心的給他上了第一堂經濟課。「一百五十元，對你來講並不多，卻是工人工資的三分之一或二［之一，這一次發這麼高，下一次發多少呢？再下一次呢？你喬治可以不計較五十元，但是如果給工人少發五十元，你看他什麼態度？」喬治雖然不同意老闆的說法，但心中也覺得有些道理，只能照發。在後來的工作中，當喬治與工人因為獎金發生衝突時，他才覺得老闆的話很有道理。幾年後，當他自己做老闆時，他已經按老闆當初說的那樣做了。

富人認為，如何衡量金錢的價值是經營者必須掌握的一個部分，是非常重要的感覺。經營者對公司的金錢必須嚴格把關。公司的金錢不僅限於現金、原材料、商品、設備、廠房，必須把這所有的一切都反映為金錢。老闆運用的金錢數目越大，人對金錢的感覺就會變得越麻痺。公司的規模越大，必然對小額鈔票常常顯得像垃圾一樣不不予重視。如果每天操控著十萬美元、一百萬美元那樣巨額的現金，那麼對一、兩萬美元的感覺就會變得無所謂，這是不足為奇的。

有一位老闆在公司資金籌措緊迫時，卻每天將一千~兩千美元花費在酒館裡，一邊說著還差二、三百萬，一邊卻將公司的錢如紙片般拋撒。的確，對於一百萬美元來說，一千美元算不得什麼。即使一天節省了一千美元，對於籌措的一百萬美元也算不了什麼。但是，如果人們探究其資金籌措緊迫的原因後，必然會考慮借款或貸款的風險，而斷絕借其款項的念頭。

果然，這位經營者最終使公司倒閉了。俗話說，一分錢難倒英雄漢，不會珍惜小錢的人做不了大事業。

不是說要吝嗇，也不是說對金錢要總是做精細打算。對自己囊中的錢稍微大方一點沒有什麼關係，但是，對公司一分也不能浪費並不僅限於現金。不用說商品，就連原材料、燃料、勞動力都不能浪費。雖然它們沒有貼著金錢的面孔，但在公司的經營活動中與金錢相同。

真正的成功人士並不認為一元僅僅就是一元。他們把一元看作是一粒種子，這一粒種子能長成參天大樹，結出無數的果實來幫助他們實現願望。我們要像富人一樣珍視我們生活中的每一元，因為如果每次你浪費了一元，就等於你扔掉了一粒種子。而這一粒種子裡則孕育著能為你和你的子孫造福的力量。

賺錢就要以錢生錢

很多富翁在創業初期，基本上沒有資金優勢，甚至資金還可能非常短缺。但他們後來之所以成功就是因為他們懂得：賺錢就要以錢生錢。

對於智慧的人來說，他的財富只是暫時放在別人的口袋裡，由別人保管而已。機遇與財緣可以來

第二課 理財能力 & 記住，你的錢要這樣花

賺錢就要以錢生錢

自你的精心策劃。努力的將你的生活、金錢規劃好，你就能讓錢生錢。同時，以錢生錢是白手創業的傳家寶。把錢花到不能不花的環節上去；能延後付款的就沒必要先付；能拖欠的，就一定要拖欠；同時要學習和累積拖欠款項的藝術。初創業時（當然對以後同樣適用）謹記一條原則：現有的一切資源，一定要充分、充分、再充分的利用。這個資源包括你所擁有的一切有形和無形的資產。充分利用現有的資源，才是最有效率的。對於如何以錢生錢，美國大亨洛克菲勒可以給大家上一堂生動課：

洛克菲勒家族的發跡史實際上也是美國社會兩百年歷史的縮影。美國金元帝國和洛克菲勒的利益是一致的，洛克菲勒王國是美國「金元列車」的不可缺少的火車。

洛克菲勒王朝的創始人約翰．大衛森．洛克菲勒出生在紐約州的裡福德小鎮，生活了三年後，便跟隨父母搬家到了紐約西部的一個叫摩拉維亞的小鎮上生活。

約翰．大衛森．洛克菲洛的童年時光就是在這個叫摩拉維亞的小鎮上度過的。每當黑夜降臨，約翰常常和父親點燃蠟燭，相對而坐，一邊煮著咖啡，一邊天南地北地聊著，話題又總是少不了怎樣做生意賺錢。約翰．洛克菲勒從小就滿腦子裝滿了父親傳授給他的生意經。

七歲那年的一天，洛克菲洛在樹林中玩耍時，發現了一個火雞窩。他眼珠一轉，計從心來。他想火雞是大家都喜歡吃的肉食品，如果把小火雞養大後賣出去，一定能賺不少錢。於是，洛克菲勒每天都早早來到樹林中，耐心的等到火雞孵出小火雞，趁火雞暫時離開窩巢的間隙，飛快的抱走了小火雞。他把牠們養在自己的房間裡，細心照顧。到了感恩節，小火雞已經長大了，他便把牠們賣給了附近的農戶。於是洛克菲勒的存錢筒裡鎳幣和銀幣逐漸增多，變成了一張張綠色的美金鈔票。

不僅如此，洛克菲勒還想出了一個讓錢生更多錢的妙計。他把這些錢放給耕作的佃農們，等他們收穫之後就可以連本帶利的收回。一個年僅七歲的孩子竟能想出賣火雞賺大錢的主意，令人驚歎！

父親和母親對於長子的行為態度截然相反。篤信宗教、心地善良的母親對此又氣又惱，狠狠把洛克菲洛揍了一頓，可是頗有眼光的父親卻說：「哎呀，愛麗莎，你這又何必呢！這個國家現在最重要的就是錢、錢、錢！」他對兒子的行為反而大加讚賞，滿心歡喜。約翰．洛克菲勒就是由這樣一個相信聖經上所寫的一言一語、敬畏上帝的基督教徒的母親撫養大，由一位不虔誠的父親的現實處世之道教育成的。

在摩拉維亞安居以後，父親雇用長工耕作自家的土地，而他自己則改行做木材生意。人們喜歡稱他父親為「大比爾」，大比爾工作勤奮，常常受到人們的讚揚，另外他還熱心社會公益事業，諸如為教會和學校募捐等等，甚至參加了禁酒運動，一度戒掉了他特別喜愛的杯中之物。

大比爾做木材生意的同時，不時注意向小約翰傳授這方面的經驗。洛克菲勒後來回憶道：「首先，父親派我翻山越嶺去買成捆的木柴以便家裡使用，讓我知道了什麼是上好的硬山毛櫸和槭木；父親告訴我只選堅硬而筆直的木材，不要任何大樹或『朽』木，這對我是個很好的訓練。」

年幼的洛克菲勒如同一輪剛剛躍出地平線的旭日，在經商方面已初露鋒芒，在和父親的一次談話中，大比爾問他：

「你的存錢筒，大概有了不少錢吧？」

「我貸了五十元給附近的農民。」兒子滿臉自得神情。

「是嗎？五十元？」父親很是驚訝。因為在那個時代，五十美元是個不算很小的數目。

「利息是百分之七點五，農產收穫時我就能拿到三點七五元的利息。另外我在你的馬鈴薯農地裡幫你工作，工資每小時零點三七元，明天我把記帳本拿給你看。其實，這類勞動力賺錢很不划算。」

洛克菲勒滔滔不絕，很是在行的說著，毫不理會父親的驚訝表情。

父親望著剛剛十二歲就懂得貸款賺錢的兒子，喜愛之情溢於言表，兒子的精明不在自己之下，將來一定會大有出息的。果然不出父親所料，約翰．洛克菲勒後來成了讓世人欽慕的首富。

合理投資尋求最大回報

在商業經營中錢能生錢，也就是說，有了一定數量的錢，再加上合理有效的運用和調配，就能獲取更多的錢。如何合理的運用、調配已有的金錢，這是對一個經營者才幹和智慧的考驗。

有這樣一個故事，一個非常聰明的農夫，要進城去賣雞蛋，但進城的路非常顛簸難走，他為了不讓雞蛋在路上打破，於是將一籃子雞蛋分裝在很多個籃子裡。結果到達城裡之後，他發現只有一個籃子的雞蛋破了，其餘都完好無損。

這個小故事告訴了我們一個道理，就是將我們的財富分裝在不同的籃子裡，投資在不同的領域，以尋求最大的回報。

美國超級富豪霍華．休斯是一個精明的生意人。在一九三〇年代到一九九〇年代的五十多年間，個人擁有的財產竟高達二十億美元以上。他能如此發達，來自他那獨特的經營方法——化整為零的多方面分散經營法。換句話說，就是他不只限於經營一個企業，而是同時經營多種企業；不採取「高度集中」的經營方式，而是採取極其分散的經營方式。對於他這種方式，當時許多人認為太危險，因為資金太分散，沒有那麼多時間和精力去照顧，將會有一些事業崩潰。然而，霍華．休斯的頭腦與眾不同，他有自己的行事方式。他認為，多種企業同時進行，就能使「平均率」為我所用。在這種方式下，也許有一項事業可能失敗，但其他事業得到機會就可能成功，那麼，整體的成功率仍然要高得多。他在經營休斯工具機公司的同時，開始向好萊塢的各個製片公司投資，雖然開始拍的第一部電影虧了本，但他接著拍的三部電影卻大賺了，因此他獲得了一家好萊塢製片公司的全部控股權。與此同時，他的注意力又轉移到商業中的另一個領域——開設飛機修理廠，進而變成飛機製造廠，後來發展成為休斯飛機公司，再後來又變為環球航空公司，成為世界上有名的航空公司。霍華．休斯的成功，無不借助於他分而治之的致勝之術。

由此可見，這種策劃財富，將財富分而投之，進行分散經營，主品牌策略是非常可行的，同時也是現在各大公司正努力實施的一個大方針。這樣做無非有兩種結果：一是東方不亮西方亮，保險；二是遍地開花，穩贏。

當你累積了一定的金錢之後，要用這些錢進行投資，要讓錢生錢，而不是簡單的儲蓄。

富人能利用他們的錢和資產再生出更多的金錢和資產。你可以將金錢投資在教育上，也可以投資在創辦企業上，還可以投資在購買房地產和股票上等等。然而，把金錢投資在何處，對於投資收益的增長有著極為重要的影響。

不管哪項投資，總存在著波動性，有時情況好，而有時情況差。這樣，如果你選擇將大部分的資產投入一種投資中，你可能因押對了寶而贏得極高的報酬，但你損失慘重與血本無歸的可能性也不比它小。但是，假如你分散你的投資，那麼你所投資的種類越多，你獲利的可能性就越大。分散投資的基本原理就是在風險與報酬間做一適度的取捨。比如有一項投資組合包含了十種股票，每種股票的期望報酬率介於百分之十~百分之二十之間。如果投資者願意冒較大的風險，那麼他可能將所有資金投入報酬率為百分之二十的股票上，此時他獲取百分之二十的報酬率的概率是很低的；但如果他分散投資，他將以較大的概率獲取百分之十五的報酬率，如此以取得降低風險的效果。它和上面所提到的那個小故事中將雞蛋分散放在不同的籃子裡是同一個道理，即使一個籃子打翻了，還可保有其餘籃子的雞蛋。

學會儲蓄而不是負債

儲蓄是成功的基本條件之一，而最迫切的大問題則是：我要怎樣才能儲蓄？

儲蓄純粹是習慣問題，人經由習慣塑造了自己的個性，這個說法極為正確。任何行為重複做過幾次之後，就變成一種習慣。而人的意志也只不過是從我們的日常習慣中，成長出來的一種推動力量。

一種習慣一旦在頭腦中固定形成，就會自動驅使一個人採取行動。例如：如果你遵循每天上班或經常前往的某處地點的路線，過不了多久，這個習慣就會養成，不用花腦筋思考，大腦自然會引導你走上這條路線；更有趣的是，即使你在動身之初是想前往另一方向，但如果你不提醒自己改變路線的話，那麼，你將會發現自己不知不覺又走上原來的路線了，這就是習慣的力量。

養成儲蓄的習慣，並不表示這將會限制你的賺錢能力，正好相反——你在應用這項法則後，不僅將把你所賺的錢有系統的保存，也會給你更大的機會，並增強你的觀察力、自信心、想像力、進取心及領導才能，真正提升你的賺錢能力。但是你最好別欠債，因為債務是無情的主人。光是貧窮本身就足以毀掉進取心、自信心與希望；但如果再在貧窮上加上債務，那麼這兩位殘酷無情監工的奴隸，注定失敗無疑。只要頂著沉重的債務，任何人都無法把事情辦得完美，任何人都無法受到尊重，任何人都不能創造或實現生命中的任何明確目標。

拿破崙．希爾有一位很親密的朋友，他的月收入是一萬美元。他的妻子喜愛社交，企圖以一萬兩千美元的收入充當兩萬美元的面子，結果這位可憐的傢伙經常背著大約八千美元的債務。

他們的每個孩子，也從母親那裡學會了「花錢的習慣」。這些孩子們現在已經到了上大學的年齡，但由於父親負債累累，他們想上大學已經是不可能了。結果父親與孩子們經常爭吵，使整個家庭陷於衝突與悲哀中。

很多年輕人在結婚之初，就負擔了不必要的債務，而且他們從來不曾想到要設法擺脫這筆負擔。在婚姻的浪漫新鮮消退後，小夫婦開始感受到物質匱乏帶來的壓力，這種感覺不斷擴大，導致夫妻彼此相互指責，最後走上離婚之路。

一個被債務纏身的人，一定沒有時間、也沒有心情創造或實現理想，結果隨著時間流逝，開始在自己的意識裡限制自己，使自己被包圍在恐懼與懷疑的高牆之中，永遠逃不出去。

「想想看，你自己及家人是否欠了別人什麼，然後下定決心不欠任何人的債。」這是一位成功的人士所提出的忠告，因為他早期有很多很好的機會，結果都被債務所斷送了。這個人很快覺醒，改掉亂買東西的壞習慣，最後終於擺脫了債務的控制。

大多數已經養成背負債務習慣的人，不會如此幸運的及時清醒及時挽救自己，因為債務就像泥漿，能夠把它的受害者一步一步拉進沼澤深處。

一個人要是負了債，而又想要克服對貧窮的恐懼，他必須採取兩項十分明確的步驟：第一，停止借錢購物的習慣；第二，立即逐步還清原有的債務。

在沒有債務的負擔之後，將可改變你的意識習慣，把你的努力路線重新引向成功之路。養成將收入按固定比例存起來的習慣，即使只是每天存一塊也可以，同時還要把它當作你明確主要目標中的一部分。很快，這個習慣將控制你的意識，你將獲得儲蓄的樂趣。

如果在於原本的習慣之上，建立起其他更為令人渴望的習慣，那麼原來的習慣將會中斷。「花錢」的習慣必須以「儲蓄」的習慣加以取代，以便取得財務獨立。

但是，僅僅是停止一種不好的習慣是不夠的，因為這種習慣將會再度出現，除非它們在意識中的原有地位，已被性質不同的其他習慣所取代。

如果你決心獲得經濟上的獨立地位，那麼，在你克服了對貧窮的恐懼感，並在它的位置上發展出儲蓄的習慣之後，要想積聚一大筆金錢，並非難事。

這裡有一個冷酷的真理：在這個講求物質文明的時代裡，一個人就像是一粒沙子，隨時會被環境中的狂風吹得不見蹤影，除非他能躲避金錢背後的力量。

對天才來說，他所擁有的天分能提供許多好處，但事實上，天才若沒有錢展示自己的天分，那麼天才只不過是一種空洞虛無的榮譽而已。愛迪生是世界上最著名、最受尊敬的發明家之一，但我們可以這樣說，如果他不養成節儉的習慣以及儲蓄能力，那麼他可能永遠是位默默無聞的小人物，任何人都不會注意他。

一個人想要成功，儲蓄存款不可缺少。如果沒有存款，有兩種壞處：第一，他將無法獲得那些只有手邊有現款的人才能獲得的那種機會；第二，在遇到急需現款的緊急情況時，將無法應付。

歸根究柢，我們對生命中的金錢只能做兩件事：儲蓄或是花錢。享受富裕生活的關鍵，在於在儲蓄與花錢兩者之間取得平衡。

首先，自己要有如下遠景：充分利用自己所擁有的錢，獲取最大的人生樂趣。意思是每天都能享受自己的一些錢，包括今天。也許你可讓自己享受人生中的美好事物、養家糊口、投入慈善工作，或是宗教信仰、協助孫輩教育等，做你一心想做的事情。這是你的錢，任何你覺得妥當的安排、都可以讓你從中得到樂趣。

然而，除非你的壽命很短，否則你無法不儲蓄而仍能充分享受。儲蓄並不是目的，但不儲蓄，你就無法投資。因此，你需要懂得一些儲蓄的策略與手段。下面我們將告訴你儲蓄的妙方：

其一，先存一部分錢。每月薪水至少存下百分之十，如果你要等自己覺得方便或有空時再儲蓄，那就永遠也存不了。將收入的百分之十存起來，這是行之有效的做法。如果達成財務自由是你的首要工作，那麼儲蓄就是你財務自由第一優先要做的事。如果你沒有大額存款，請先存下六個月的生活花費，這是你生活保障的備用基金。

其二，越早開始越好。越早開始儲蓄並投資，複利的效果就越佳，就越早讓你躋身人生勝利組，這裡有個例子讓你明白為什麼越早越好。

包瑞和貝斯同年，包瑞三十一歲才開始，每年投資兩千美元，總計三十四年，總投資額為六萬八千美元。而貝斯從二十四歲起便每年投資兩千美元，早投資了十年，總投資額為兩萬美元。假設兩人的年投資報酬都是百分之十，到六十五歲時，包瑞的投資組合價值為四十一萬九美元，但是貝斯的投資組合為八十一萬萬四千美元。因為提早投資了十年，雖然貝斯的投資額只有包瑞的百方之二十九，但收益卻比包瑞多了三十二萬四千美元。

其三，加薪或是有意外之財時，就多存點錢，增加投資。存的錢越多，就能越早脫離時間與金錢的陷阱。如果你真的想盡早躋身富翁之列，就得將收入百分之三十~百分之五十存起來。把未來的獎金與加薪存起來，這樣做不會感覺痛苦。許多人犯的錯誤是：把意外之財與加薪用來買新的奢侈品。一旦形成習慣，奢侈品就變成必需品，那麼賺錢是為了花錢的惡性循環就會開始了。

其四，記錄你每月開支情況。連續記帳一個月，你就會發現各種不必要的花費，省下這些花費，可以讓你達成做金錢主人的目標。每月記下所買東西的價錢，除了可以讓你知道錢是如何花掉，還可以讓你想一想這些東西到底值不值得買。許多東西是我們一時衝動購買，這些都是可以刪減的項目。

當你學會儲蓄的時候，你就會發現有許多機會就在你的身邊。

許多生意人不會輕易把他們的錢交給他人處理，除非這人能夠證明他有能力照料自己的錢，並能妥善運用。這種考驗十分實際可行，但對那些尚未養成儲蓄習慣的人來說，可能就要經常感到很難堪。

有位年輕人在芝加哥的一家印刷廠工作，他想自己開家小印刷廠，自行創業。他去見一家印刷材料供應店的經理時，表明了自己的意願，並表示希望對方能讓他以貸款的方式買一台印刷機及一些小型的印刷設備。

這位經理第一個問題就問：「你自己是否有存款呢？」

這位年輕人確實存了一點錢。他每個星期固定從他那三十元的週薪裡提領十五元存入銀行，已經存了將近四年。他獲得了他所需要的貸款。後來，對方又允許他以這種方式購買更多的機器設備。到今天為止，他已經擁有了芝加哥市規模不小又成功的一家印刷廠。

機會遠處不在，但只能提供給那些手中有餘錢的人，或是那些已經養成儲蓄習慣，而且懂得運用金錢的人，因為他們在養成儲蓄習慣的同時，還培養出了其他一些良好的品德。

已故的摩根先生有一次說過，他寧願貸款一百萬元給一個品德良好，且已養成儲蓄習慣的人，而不願貸款一千元給一個沒有品德且只知花錢的人。

如果你沒有錢，而且也尚未養成儲蓄的習慣，那麼你永遠無法獲得任何賺錢的機遇。這真是一個不折不扣的事實，因為你沒有任何資本規劃你的人生。

理財備忘錄：

NO.1 即使擁有再多的金錢，你也要懂得用錢的哲學。

NO.2 看看富翁樸素的生活，你就會明白他們真正有錢的原因。

NO.3 金子只有當貨幣流通時才有價值，否則和石頭沒有什麼區別。

NO.4 對所有的人來說，儲蓄是成功的基本條件之一。

本節測試：你的理財能力有多高？

或許你正面臨成家，或許你剛開始立業，面對越來越多屬於你支配的money，你該如何做決定？或者想都沒想，在需要的時候一翻口袋，發現裡面已經空空如也了？理財能力對於每一個現代人來說，都是必不可少的生活技能之一，理財能力的高低，基本上決定了你最終的成就。下面一個小測試就是檢驗一下，你的理財能力水準，請不要太猶豫，選出你第一眼看中的那個答案。

1. 我現在手頭上有多少錢？

A. 我精確的知道　B. 我知道個大概　C. 我完全沒有概念

2. 我知道的投資項目？

A. 5個以上　B. 2-5個　C. 只知道放在銀行生利息

3.我的錢主要用在？

A.全存在銀行　B.全花光　C.做了好幾項投資

4.我一個月花掉的錢？

A.不知道　B.不透支就不管　C.有計畫

5.買大件商品時我會？

A.貨比三家，全面搜集資料　B.選品牌　C.能用就行

6.逛商場時我會？

A.狂買很多東西，回家才後悔發現很多都是沒用的　B.大致買些需要的東西，隨興而行　C.有計畫的購買，巧妙利用打折

7.別人給我好看的舊衣服時我會？

A.欣然接受　B.勉強收下但不穿　C.怕面子上不好看而堅決不收

8.對於請客吃飯我的看法是？

A.在可操控的範圍內盡量挑好的　B.量力而行，不為自己添負擔　C.為了面子不顧口袋，借錢也得請

9.買房時我會如何籌錢？

A.抵押買房，量入為出　B.看中就買，沒錢找人借　C.賺錢一次付清

計分：

1. A－2　B－1　C－0
2. A－2　B－1　C－0
3. A－0　B－1　C－2
4. A－0　B－1　C－2
5. A－2　B－1　C－0
6. A－0　B－1　C－2
7. A－2　B－1　C－0
8. A－1　B－2　C－0
9. A－2　B－1　C－0

看看你的得分和結果吧：

0～4分

建議你還是先仔細讀幾本有關理財的書籍，先不急著掌管錢包，因為對於理財，你還需要學習很多知識。

5～9分

恭喜你已經意識到錢是需要費心打理，但你也需要多關注你的錢包，多看看周圍的人是如何管理自己金錢，你的理財能力有待進一步提高。

10～13分

你已經具有一定的理財能力，但有些地方你可能還不太在意，如果你對花出去的每一塊錢都更關注的話，你會發現原來你身邊還有不少資源有待開發！

14～18分

你的理財能力非常強，可以說，你懂得如何充分利用身邊的資源使其發揮最大的作用。

第三課 學習能力&學習、學習、再學習

學會儲蓄而不是負債

第三課　學習能力&學習、學習、再學習

求知是成功的第一步，那些能成為富翁的人，一定是懂得學習的人。有句古語，叫做「書中自有黃金屋」。雖然時代背景發生了變化，但這句話古話到現在也沒有錯：勤奮學習終究會有回報。

知識有多重要

曾有這樣一份統計，在北京的高收入群體中，有一定學歷的人所占的比例要遠遠高於沒有學歷或學歷低的人。

這種情形不僅在中國，在國外也是如此。最近加拿大公布的一份二〇〇一年人口普查資料顯示：高學歷者收入也比較高，年收入最高的是大學畢業生。統計資料顯示，二〇〇〇年加拿大全國一千六百四十萬上班族的平均年收入為三萬一千七百五十七美元，比十年前增長了百分之七點三，學歷越高收入也越高。年收入十萬美元以上的加拿大人，六成以上擁有大學學位。接受過大學教育的全職員作者，平均年收入為六萬一千八百二十三美元，社區學院畢業生的平均年收入為四萬一千八百二十五美元，高中畢業者的平均年收入為三萬六千二百七十八美元。大學畢業的全職員作者年收入最高，比高中畢業的全職上班族一年多賺二萬五千五百四十五美元。在二〇〇〇年收入兩萬美元或更低的加拿大人中，近六成都只有相當於高中水準，甚至更低的教育程度。而年收入十萬美元以上者，擁有大學學位者則超過百分之六十。

在美國，二〇〇〇年十一月，高中以下學歷的美國人失業率為百分之六點五，有大學文憑的人失業率為百分之一點五。到了二〇〇一年十二月，高中以下學歷的美國人失業率為百分之八點三，而有大學文憑的美國人的失業率為百分之三。

由此可見，知識對於我們的重要程度已經越來越明顯。

管理大師杜拉克說：「我們正從資訊時代走向知識時代。」什麼是知識時代？什麼是知識？很多企業和個人都面臨這樣的問題。

不論是一個企業，還是個人，要想成功經營，要想成為富翁，都必須要有所進步和創新。而進步和創新都來源於知識，知識累積的多少則來源於個人的努力，所以杜拉克說：「真正持久的優勢就是怎樣去學習，就是自己使自己能夠學習得比他人更快。」

學習是一種生存和成功的表現。那些腰纏萬貫的富翁們，幾乎都是具有出色學習能力的人。具有學習能力不一定能夠成功，但成功的人，一定是具有學習能力的人。

李嘉誠能夠成為世界華人商業領袖，絕不是偶然的。他的一生，是「學習改變命運」最佳的寫照。

李嘉誠年少時，因為家境貧寒，初中就被迫失學。十五歲時父親去世，從此他便擔負起整個家庭的生計。儘管他工作非常辛苦，但他知道，如果沒有知識，沒有學問，他將來就不可能在社會上立足。於是他白天當推銷員，晚上上夜校。他還到資源回收站去買別人回收廢棄的舊教材，用舊報紙練字，利用各種方式瘋狂的學習知識。

今天的李嘉誠回憶說：「當時我住在合租男子公寓，就是現在銅鑼灣金堡大廈，每晚十二點就會熄燈。我因為上夜校和到工廠跟單，每晚回來要摸黑走樓梯，一步步數樓梯數，夠數就知道回到宿舍了。」

李嘉誠青年時基本沒受過正式教育，尤其是英語，連二十六個英文字母都沒學完全，可是他卻深知：在香港做生意，不學好英語，是不可能成功的。經過極為刻苦的學習，他的英語水準甚至比大學生還要高。

一九五〇年代他開始做塑膠花生意時，他訂閱了好幾種全世界最新的塑膠方面的雜誌，以便能夠掌握最新形勢。在外國雜誌中，他留意到一台製造塑膠樽的機器，但從外國訂制太貴了，於是他憑著自學的英文研製了這部機器。這件事成為他早年非常得意的事情之一。

此後，他又依靠自己當時還很不流利的英文，和外國人做生意，打開了國際市場。短短幾年的時間，他就成了享譽東南亞的「塑膠大王」了。

雖然成功了，但他依然不斷挑戰自我，永不放棄學習。在每個時代，他都能成為引領風潮的傑出人物。一九六〇年代，香港地產低潮，李嘉誠大舉入市，從塑膠大王變為地產大王。一九七〇年代，他的公司上市，成為資本市場縱橫捭闔的王者。在新經濟時代，他又一舉進入電信和網路行業。一九九九年，他以一百四十億美元的價格賣掉英國 Orange 電信公司，然後大舉進入歐洲的 3G 業務。他旗下的 Tom 公司，以網路為核心，整合傳媒產業，建立龐大的傳媒帝國。他以七十歲的高齡，仍然堅持學習，當別人向他請教如何決策時，他說：「你自己應該知識面廣，同時一定要虛心，多聽專家的意見。自己作為一家公司的最後決策者，一定要對行業有相當深的了解，不然的話，你的判斷力一定會出錯。」

從一個街頭推銷員到今天舉足輕重的商業領袖，李嘉誠熱愛學習的精神值得我們每個人效法。

如果你自己也打算走富翁這條路，就一定要記住，學習是永不能放棄的。你必須時刻認真對待自己的工作，在工作中不斷總結經驗，學習最新的知識，並把它們應用到自己的事業當中。這樣你才能不斷的獲得進步和成長，並為自己規劃出理想的致富之路。

而如果你止步不前，不願學習，很遺憾，你只能永遠生活在社會的最底層，永遠不可能實現你的發財夢。

專業知識是賺錢的資本

永遠都別忘了，賺錢是需要資本的。也許你認為，這個資本就是金錢，但實際上，在這個以知識為本的世界裡，做生意賺錢的資本已不完全是金錢了，而是又加上了知識，甚至知識比金錢更重要。

在如今這個經濟社會，知識已經不僅只是告訴我們一些理論和道理的簡單學問了，而是已經成了一種特殊的商品，甚至有了同貨幣一樣的支付和投資的功能，是我們賺錢的基礎和最有力資本。

自古以來，人們就非常重視知識，不僅是為了提高自身修養，還為了能夠生存，追求富有和成功。知識，是我們獲得財富的基礎和手段。但是，也並非掌握了知識就一定可以致富。學會了知識，你還要懂得利用知識，要能夠讓知識為你創造價值。

在股票分析行業，一個著名的工具就是波浪理論。它的推廣者叫羅．切伯特。

羅．切伯特一九七一年畢業於美國耶魯大學，取得了心理學學位。畢業初期，他在一個樂隊擔任鼓手，希望自己能在娛樂圈裡闖出點名堂，後來他又加入美林證券公司，擔任該公司的技術走勢分析員。

在他擔任這職位期間，羅．切伯特主要研究循環週期、電腦圖表分析，並初次接觸了艾略特的波浪理論。羅．切伯特對波浪理論非常著迷，幾乎達到了廢寢忘食的地步。他在一九七八年出版了令證券業為之轟動的著作《波浪理論》。隨後不久，他自己就創辦波浪理論通訊。由於多次預測準確，讀者人數暴增，每年訂閱費、諮詢費用收入非常可觀，不過十年，羅．切伯特就已經成為了大富翁。

羅．切伯特為何可以取得成功？除了他自己的努力以外，還因為他懂得利用自己的專長，進而成功的創造適合自己的市場。切伯特的成功告訴我們，要實現你的致富夢想，專門知識是不可或缺的工具。

專門知識是我們在這個社會獲取財富的最直接的「管道」。一般來說，我們在學校裡學的都是普通知識，而只有步入社會以後，才有機會建立和鞏固「專門知識」。也許有人認為，只有讀過大學，才有可能掌握專業知識。事實並非如此，是否受過大學教育並不重要，最重要的是你肯在「社會大學」裡鑽研一個專門的學問，並將它系統化，演繹成一種可以「推廣」與「兌現」的「東西」。只有在你的行業裡面成為一流的專才——知識與經驗都高人一籌，你才可能鶴立雞群，衝上雲霄，快速致富。

麥當勞的老闆克羅克曾經說過：「讓我們研究一個漢堡，只有一些受過特殊訓練的人方懂得鑑賞它，只有專業人士才懂得分辨和欣賞兩個外表看來沒有不同的漢堡那迥然不同的品質、線條、顏色與味道。對一個專業人士來說，漢堡並不單是一個『發過酵的麥粉團』呀！」

如果你留心一下你的身邊，你會發現，每一位富翁都擁有特別的「專門知識」，比如李嘉誠是地產專家，包玉剛是航運百科全書，而霍英東對地產的明瞭之處，更是達到了「博士級」！

因此，不論你從事何種工作，也不論你打算透過何種途徑致富，有一點你不可忽視，那就是你必須掌握你所從事的工作、行業、領域的專門知識，因為這是你賺錢的主要資本！

變「要我學」為「我要學」

其實我們每個人都知道工作要勤奮，學習要努力，但是，卻沒有幾個人能夠做到主動學習。而實際上，在成功致富的道路上，只有那些奮鬥不息、善於學習的人，才會最終成功。

美國的摩斯在他四十一歲的時候開始研製電報機，歷時十年之久才研製成功。這不僅改變了他後半生的命運，而且也加快了人類通信發展的步伐。他成功的祕訣是什麼？就是不斷的學習，是知識賦予了他靈感，使他創造了價值。

史帝芬．金的經歷十分坎坷，曾經潦倒得連電話費都繳不起。而後來，他卻成了世界上著名的恐怖小說大師，整天約稿不斷，常常是一部小說還在他大腦裡儲存著，出版商已經將高額的訂金支付給他了。現在，他可以算是超級富翁了。但是，他每天仍然還在勤奮的創作中度過。

史帝芬．金成為富翁的祕訣很簡單，只有兩個字：學習。一年之中，他很少有時間不寫作而做其他事，學習帶給他的好處是永不枯竭的靈感。

史帝芬．金和一般的作家有些不同，他在沒有什麼可寫的情況下，每天都要堅持寫五千個字。他說：「我從來沒有因為缺少靈感而恐慌。」

知識，是人生的一筆無價財富，是每一個走向成功的人必備的資本，對於人生事業的價值，在於創造未來；也因為有了知識，過去與現在的成功才能得到真正的保證。

第三課 學習能力＆學習、學習、再學習

變「要我學」為「我要學」

人們通常會意識到知識的重要性，但是，卻不真正重視它，以致讓它漸漸遠去，而後悔莫及。聰明的人們必定會認真聆聽知識的聲音，讓知識成為自己最好的朋友，知識將引領你走向光明和快樂。

如何讓知識帶你走向成功呢？你應該讓自己對知識產生強烈的欲望。有了這種學習的欲望你才會採取行動去豐富自己。記住，「想要」某種東西，與「志在必得」是截然不同的。

任何一個成為富翁的人，都有著強烈的學習欲望，他們都是靠自己的勤奮和執著最後成功的。

施瓦伯出生在美國鄉村，小時候只受過很短的學校教育。十五歲那年，家中一貧如洗的他就到一個山村做了馬夫。三年後，他來到鋼鐵大王卡耐基所屬的一個建築工地打工。

從一踏進建築工地的那一刻起，施瓦伯就抱定了要做最優秀的人的決心。當其他人在抱怨工作辛苦、薪水低而倦怠的時候，施瓦伯卻默默的累積著工作經驗，並自學建築知識。

一天晚上下班後，同伴們都在屋裡閒聊，惟獨施瓦伯躲在角落裡看書。恰巧那天公司經理到工地檢查工作。經理看了看施瓦伯手中的書，又翻開了他的筆記本，什麼也沒說就走了。

第二天，公司經理將施瓦伯叫到了他的辦公室，問：「你每天學那些東西有什麼用？」施瓦伯說：「我想我們公司並不缺少打工者，缺少的是既有工作經驗、又有專業知識的技術人員或管理者，對嗎？」經理點了點頭。

不久，施瓦伯就被升任為公司的技師。在打工者中，開始有人諷刺挖苦施瓦伯，但他卻坦然的說：「我不光是在為老闆打工，更不單純為了賺錢，我是在為自己的夢想打工，為自己的遠大前途打工。我們只能在工作中提升自己。我要使自己工作所產生的價值，遠遠超過所得的薪水，只有這

樣我才能得到重用，才能獲得機會！」抱著這樣的信念，施瓦伯一步步升到了總工程師的職位。

二十五歲那年，施瓦伯做了這家建築公司的總經理。

人的核心競爭力源於創新能力，而創新能力則來自不斷的學習。因而，學習能力是一個成功人士必備的素質。

基本上來說，學習能力遠比其他能力更為重要。一個現時有能力的人，哪怕他是博士、碩士，或是高級工程師，如果不注重學習，也會落後，也會變成一個「能力平平」的人；而一個暫時能力不是很強的人，只要堅持學習，善於學習，一定會成為一個能力出眾的人。因此，會學習的人才是最有前途的人，也是最有希望步入富翁行列的人。

在學習過程中，很多人往往存在惰性心理，覺得到需要的時候再學也不晚。實際上這是不對的。學習應該時刻進行，學習的意識也應該時刻放在心上，主動學習，主動創新。要知道，在一個公平的社會裡，有人之所以獲得重要角色，或者成為百萬、千萬富翁，是因為他們已經具備了必要的能力和條件，抓住了致富的先機，走在了時代的前端。

將知識轉化為財富

不論你是否相信，在知識經濟的時代裡，富翁大多數都是知識分子。但是，知識分子卻不一定都是富翁，這兩者之間是有很大差別的。如果你認為有了知識就可以發財，擁有多少知識就能換成多少鈔票，那可就大錯特錯了。

知識即是財富，這句話沒有錯。要成為富翁，必須要學習，必須要掌握大量的知識。當前，你所要掌握的知識，並非指一般的知識，也不是指存在於人的大腦或書本上的那些知識，而是指資本化以後的知識。如何將知識資本化，是決定知識能否轉化為財富的關鍵。誰能勇敢的將自己的知識與智慧推向市場，轉化成產品，誰就能成為新一代的富翁。

透過學習掌握的知識，其本身並不會吸引金錢，只有我們懂得運用我們的智慧，而且還要加一個實際的行動方案，才有可能使知識為我們聚財。知識本身只是「潛力」，我們要懂得運用並有組織性的計畫，才能將潛力轉變為力量，最後轉化為金錢。

到過美國訪問的人都知道，美國的許多教授都以開公司為榮，尤其是哈佛大學，公開表示教授可以有百分之二十的時間在外兼職。正因為如此，全美的五百強企業中，五分之一的老闆都出自哈佛大學。

事實上，高修養、高學歷者經商，往往有著普通人無法比擬的優勢，關鍵是看他能不能將自己的知識資本轉化為產業資本了。

一九九七年，中國李衛武教授拿出準備購屋的十二萬元人民幣存款，又鼓動八位老教授集資八萬元人民幣，一起集資二十萬人民幣註冊成立了「暢響」公司，主要為農民提供生物製劑產品。二十萬人民幣辦公司，簡直是少得可憐。但是，他們卻有一筆雄厚的資本，那就是他們所掌握的高科技。

有一批老教授和退休教授是公司的「主角」。他們主要來自三個專業領域：一是生命科學和環境保護，主要是以產品研究、開發為主；二是植保、園藝、水產和獸禽專業，主要以產品示範、推廣及售後服務為主；三是管理行銷專家。這些教授分別從日本、美國等地引進複合菌母液，對菌種進行分離、培育、提煉。

經過教授們的不懈努力，終於開發出了系列活菌製劑產品，不僅完全適合中國的氣候和生產環境，產品品質還達到了領先水準。其中「暢響EM」是公司的主導產品。何謂EM？就是複合微生物菌劑的研究應用技術，其奇妙之處在於可讓稻田只長稻子不長草，可讓堆積如山的牛糞看不見蒼蠅飛舞，聞不到一點臭氣。

EM技術享有「拯救地球技術」的美譽，這個面向發達地區和富裕地區的EM產品，讓「暢響」公司擁有了遍布各地區域經銷商隊伍和三十四個示範點，並創造了可觀的經濟效益。到二〇〇〇年，公司的訂單就達到一萬七千噸，價值一億兩千萬元人民幣。

「暢響」公司的成功，在於他們把知識資本轉化成了產業資本，進而獲取大量財富。

那麼，如何才能有效的把知識資本轉化為產業資本，進而獲得財富呢？

首先，你要有一雙洞察資訊的慧眼。在高科技廣泛應用的今天，電腦網路化在全球範圍內已經具備長期的發展，打破了時空的界限，使人們能夠快捷的獲取所需的資訊。我們可以不對高科技作深入的研究，但一定要學會利用高科技及時擷取所需的資訊。一條有價值的資訊，往往足以改變一個人的一生。只有擷取到了有用的資訊，並能夠果斷的處理這些資訊，就等於擁有了一把打開知識經濟的鑰匙。

其次，要學會利用他人的知識。不論在何種行業發展，僅靠個人智慧是很難成功的。只有善於運用他人的智慧，才能解決創業過程中面臨的各種問題。

此外，你還要強化經濟意識。知識本身無法轉化成金錢，所以要致富，不在於你掌握了多少知識，而是如何將掌握的知識資本化。只有這樣，你才能使自己擁有的知識獲得最大的效益。如果你擁有社會需要的知識，又善於將這些知識資本轉化為產業資本，下一個富翁，肯定非你莫屬！

適時充電

有效的利用目前可供自己自由思考的時間，是對成就未來的切實保證。適時的讀讀書，充充電，必將有益於自己的人生。想創造出色的人生，就要將自己能自由支配的時間投入到讀書學習上去。

求知是成功的第一步，有成就的人一定都是熱愛學習的人。

恐怕這個世界上，再沒有人比亨利．布萊頓更忙碌的了。這個大忙人雖然年僅三十歲出頭，卻已經是美國 SERVO 公司的總經理了，為當今美國少數彈道導彈專家之一。

雖然已身居要職，布萊頓依然力學不輟。一天的工作完成後，晚上還要上夜校繼續進修。

他選擇的科目是素描，看起來這似乎與他的職業並不相干，但他認為：「素描可以有效的將我的創意說明給我屬下的技術人員知道。」

現在，雖然他已功成名就，成為千萬富翁，但他認為，這並非人生努力的終點。地球一直在轉，時代也在不斷的進步，若想跟上時代，就必須不斷努力學習。因此，布萊頓利用晚上的閒暇時間學習電腦、雷達技術、管理學、外語等，凡是對他的事業有幫助的，他都積極的學習。

事實上，他也真的能夠學以致用，並且都獲得了很好的效果。

一個真正成功的人，即使每天要面對很多工作，即使每天工作會很累，他也不會抱怨，反而盡量抽出時間學習。按我們理解，像布萊頓這樣成功的人，是不需要再繼續學習了，他的錢已經足夠他花好幾輩子的了。然而，像他這類「金領」多半都了解這樣一個事實──人生是短暫的，每天能讓自己思考的時間非常有限。因此，凡是能供自由思考的時間，他們一分一秒都不願意浪費，因為他們都希望能在自己的工作上或專業範圍內掌握絕對的成功，創造最大的財富。

的確，惟有努力才能使人成功，但一次成功並非終點。即使你已經腰纏萬貫，還是應該為下一個百萬、千萬而再接再厲。

做本行業的專家

不管我們從事什麼行業，打算在什麼行業大展宏圖，首要一點，就是要熟悉自己所從事的行業，多學習、多思考，多掌握該行業的專業知識，了解該行業的基本特點。也就是說，你需要成為這一行業的專家，只有如此，你才有可能運籌帷幄，決勝千里，縱橫自如。本田宗一郎之所以能成為「日本摩托車之父」，讓世界的每一條公路上幾乎都留有「本田」的足跡，靠的就是他對摩托車行業無人可比的熟悉程度；比爾·蓋茲之所以能成為世界首富，靠的就是他那電腦方面勝人一籌的才能。當然，不管在什麼行業，頂尖人物總是少數，但這與我們要求追求財富者盡量成為本行業的專家並不矛盾。我們不苛求自己事事都出類拔萃，樣樣都名列前茅，但我們一定要對所從事的行業有一個非常透徹的了解。

一位歐洲冷凍雞出口商，曾向阿拉伯國家出口冷凍雞。他先把大批優質的雞隻用機器屠宰完，然後清理乾淨，包裝完好。但在包裝時，雞的個別部位卻稍帶點血就裝船運出了。

當他正盤算著如何利用這次賺的錢做下一筆交易時，他的這批貨竟被退回來了。原因並非是雞的品質有問題，而是他的加工方法犯了伊斯蘭教的「禁忌」。伊斯蘭教的古蘭經規定：殺雞只能用人工，不能用機器，而且只許男人殺雞，不許女人伸手；殺雞還要把血全部洗乾淨，不能留一點血漬在雞肉上，否則便認為是不吉祥的。而缺乏這方面知識的歐洲商人，當然就失去了當地的市場。

一位巴西商人吸取了這樣的教訓，在給他們送貨的時候，不僅貨物品質好，而且特別注意滿足國外市場的特殊要求，尤其是充分尊重對方的風俗習慣。對阿拉伯國家出品的冷凍雞，在屠宰場內嚴格按阿拉伯國家要求加工，完全不用機器，不用婦女，殺雞後將血漬也全部清洗乾淨，並精密包裝。同時，他們還邀請阿拉伯進口商來現場參觀，獲得了充分的信任，使巴西冷凍雞迅速打進了阿拉伯國家的市場，獲得了豐厚的利潤。

做進出口生意，不懂得進出口貿易的規則，做餐飲的不了解餐飲的經營特點，做電腦業務的不懂電腦知識……這樣又怎麼能在所從事的行業裡淘金呢？

伯特．詹森說：「絕不要做一家你不知道怎樣去經營的企業。」也就是說，對於一些你完全不了解的行業，不要貿然介入，草率從事。道理很簡單，做一件連你自己都不了解的事，你能很順利的成功嗎？但凡成功的企業家，有百分之九十九的人都是從自己熟悉的行業和專長發展起來的。

提起汽車業大王，我們都知道美國的亨利．福特，卻很少有人知道，亨利．福特在開創他的事業時，曾先後兩次創辦了汽車公司，都以失敗告終。究其原因，主要就是在於他缺少這方面的專業知識。但也正是從這兩次失敗中，福特認識到了專業人才對企業成功的至關重要性。

兩次失敗後，一九〇三年，亨利．福特第三次辦起了汽車公司。他總結了前兩次失敗的經驗後，請來了大量的本行業的專家，以協助他的工作。最重要的是，福特請來了一位「機械化天才」——霍爾特．弗蘭德。弗蘭德為福特汽車公司建立了世界上第一條汽車流水裝配生產線，使汽車生產從過去的耗時二十二小時十八分降低到了僅需九分鐘，結果使得福特公司的勞動生產率一下提高了幾百倍，進而使得汽車的生產成本大大降低。

福特就是透過利用弗蘭德的機械化方面的專業知識，極大的提高了公司的勞動生產率，進而使美國大眾都能買得起汽車，並使自己在不到七年的時間裡，成了世界上最大的汽車製造主，獲得「汽車大王」的稱號。福特的標準化機械生產被推廣到全國的工業領域，極大的提高了美國的工業生產率，使美國工業得以飛速發展，人民生活水準得到很大提高，以致美國工人都認為，是福特給他們帶來了幸福。這是一項專業知識得到廣泛應用和發展，給整個世界帶來了進步的典例。

有一位動物學家說：「我最大的優點，就是從七歲左右開始，就對自己現在的行業養成長期且強烈的興趣。同時，父母也經常鼓勵我，而且還會在我需要的時候提供必要的書籍。從我進入大學到畢業，我寫了許多有關動物科學方面的文章。」當然，他的成功與他的勤學奮發和善於接受新知識有很大關係，但是，他讓自己在專業領域裡成為一個專家和行家，才是他獲得最終成功的最主要因素。

學習備忘錄：

NO.1 具有學習能力不一定能夠成功，但成功的人，一定是具有學習能力的人。

NO.2 你要成功，就一定要將你做的事情專業化！

NO.3 在通往成功的道路上，勤奮學習是最短、最有效的途徑。

NO.4 知識資本化，是決定知識能否轉化為財富的關鍵。

NO.5 做自己最熟悉的行業。

本節測試：你是否具有良好的閱讀習慣？

一個人的閱讀習慣與他的興趣愛好、心態性格有很大的關係。如果你有興趣的話，不妨做下面的小測試，看看自己究竟屬於哪一類。

1. 當你一個人閒著沒事時，你拿起一本雜誌隨便翻翻，你會——

A. 從第一頁開始，慢慢逐頁向後看。

B. 從最後一頁倒著翻看。

C. 翻開哪頁就看哪頁。

測試結果：

選A的人：做事喜歡循規蹈矩，會按部就班的生活，是一個生活認真的人。

選B的人：思維方式與常人不同，喜歡別出心裁，可能會成為一個非常有創意的人。

選C的人：自由灑脫，心態平和，屬於人際關係很好的樂天派。

2.如果你讀到一篇故事性很強又很感人的文章，你會——

A.會被故事主人公的經歷所感動，忘了周圍的一切。

B.會懷疑故事的真實性。

C.在感動的同時，你會研究這篇文章的感人之處究竟在哪裡，是故事本身寫得好，還是因為作者用了一些好的寫作手法。

測試結果：

選A的人：你是一個很投入的人，感情很豐富。

選B的人：你的理性思考能力較強，遇事較冷靜，會認真分析事情的前因後果。

選C的人：你可能會成為一名作家。

3.當你翻閱既有圖畫又有文字的圖書時，你會——

A.先看圖，然後再看文字。

B.先看文字，直到看到文中有「見圖」的字樣時，才去看圖。

C.一會兒看圖，一會兒看文字。

測試結果：

選A的人：你容易被生動形象的東西所吸引，而且善於接受比較直觀的東西。

選B的人：恭喜你，你已養成了良好的閱讀習慣，但你還有些保守。

選C的人：你看問題比較全面，具有鑽研精神。

4. 你喜歡看一本書，常常是因為——

A. 這本書本身很有趣，能吸引你的注意力。

B. 因為朋友們都說這本書好。

C. 書裡的很多語言像是你的心裡話。

測試結果：

選A的人：你是一個有生活情趣的人。

選B的人：你是一個跟隨多數人選擇的人，幾乎沒有自己的主張。

選C的人：你是一個渴望知音的人。

第四課　自制力&要做自己情緒的主人

情緒就像一把雙刃劍，它能把成功者引向失敗，又能讓不可能變成可能，它既是點燃才智的火炬，又是自焚的火焰。在人類所有的情緒中，最需要克制的便是憤怒。而一個成功的商人，在賺錢的道路上，一定會是一個自制力非常強的人。

有自制才能生財

西塞羅說過：「自制就是用智慧的頭腦有力的支配情欲和其他邪惡的意念衝動，使之適可而止。」實際上，這句話的道理也說明了我們的生活原則。很多生活的基本原則都是包含在我們大多數人永遠不會注意的最普通的日常生活經驗中。

同樣的，真正的發財機會也常常會藏匿在我們看來並不很重要的日常瑣事中。比如：現在你可以去詢問你周圍的任何十個人，問他們為什麼不能在自己所從事的行業中獲得成功，這十個人中，至少有九個人會告訴你，他們沒有成功是因為還沒有獲得好機會。

真的是這樣嗎？

你可以對他們一天的行為做一個仔細的觀察，以便確定這九個人的話是否有道理。你會發現，他們在這一天的每個小時當中，都不知不覺的把自動來到他們面前的良好機會錯過了。

一次，戴爾．卡耐基站在一個出售絲巾的櫃檯前，和一個年輕的雇員聊天。

年輕人告訴戴爾．卡耐基，他在這家商店已經工作了四年了，但由於這家商店不重視他，他的服務並未受到店長的賞識。因此，他現在最想做的事，就是尋找新的工作機會，準備跳槽。

在談話過程中，有一位顧客走進商店，要求看看帽子。可是這位年輕的雇員對這位顧客的請求卻置之不理，一直不停的和卡耐基談話。雖然這位顧客已經對他要求了幾次，但他始終沒有搭理這位顧客。最後，他把話說完了，才轉身向那位顧客說：「這裡不是帽子專櫃。」

顧客又問：「那麼帽子專櫃在什麼地方呢？」年輕人回答說：「你去問那邊的管理員好了，他會告訴你怎麼找到帽子專櫃。我不知道。」

四年多來，這位年輕人就是這樣和顧客交流的。其實，年輕人一直都處於一個很好的機會當中，但他卻不以為然。他本來可以和他所服務過的每個人成為好朋友，建立客戶關係網路。而這些客人可以使他成為這家店裡最有價值的人。因為這些人都會成為他的老顧客，為他創造財富和價值。但是，他常常拒絕或忽視運用自制力，對顧客的詢問不搭不理，或是冷冷淡淡的隨便回答一聲，結果使好機會一個又一個的錯過了。

實際上，如果你有機會仔細研究一下那些富翁，你就會發現，幾乎每個能長久維持其財富的富翁，都擁有出色的自制力。

心理學家曾做過一個經典的實驗：將一群四歲左右的孩子帶到一間陳設簡陋的房子裡，然後給這些孩子每個人一顆非常好吃的軟糖，同時告訴他們：如果馬上就吃掉，那麼就只能吃到這一顆軟糖；如果二十分鐘以後再吃，就可以得到獎勵的一顆軟糖。也就是說，二十分鐘後可以同時吃到兩顆軟糖。

有些孩子急不可耐，馬上就把軟糖吃掉了；而有些孩子則耐心的等待二十分鐘。他們為了能讓自己耐住性子，或閉上眼睛不看軟糖，或頭枕雙臂自言自語。結果，那些耐心等待的孩子最後吃到了兩顆軟糖。

心理學家繼續跟蹤研究參加這個實驗的孩子們，一直到他們高中畢業。研究結果表明：那些能

第四課 自制力＆要做自己情緒的主人

有自制才能生財

等待並最後吃到兩顆軟糖的孩子，到了青少年時期就能認真的等待機遇而不急於求成，他們大多都具有一種為了更大的、更遠的目標而暫時犧牲眼前利益的能力，即自制力。而那些急不可待只吃一顆軟糖的孩子，到了青少年時期則表現得比較固執、虛榮或優柔寡斷，當欲望來臨時無法控制自己，一定要馬上滿足欲望，否則就無法靜下來繼續做其他的事情。換句話說，能等待的那些孩子的成功率遠遠高於那些不能等待的孩子。

這個實驗給我們的啟示是：人的自制力大小跟人生成功與否有著密切的關係。心理學家經過長期的研究認為，人和人之間的智商並不存在明顯的差別，但有的人之所以能成功，有的人之所以未成功，與各自的情商（EQ）有很大關係。一個人的成功，不僅要依靠他的智商，更要依靠他的情商。情商的要素之一就是人的自制力。從某種意義上講，情商表現的是人們透過控制自己情緒來提高生活品質的能力，即如何挖掘並發揮自己的潛能，如何克制自己的情緒衝動，如何設身處地為他人著想，如何使自己始終對未來抱有希望等等。

一個小私營業主在商界嶄露頭腳時，被引薦到一位在商界打拼多年的百萬富翁面前，希望能從這位百萬富翁這裡得到一點致富的祕訣和成功的經驗。

這位百萬富翁並沒有直接告訴他該如何致富，而是先提出了一個條件。他說：「你每次打斷我說話，就要付我十美元。」

小業主說：「這完全沒有問題。」

「那我們什麼時候開始呢？」百萬富翁問。

「馬上就可以開始。」小業主回答說。

「很好，我要告訴你的第一條經驗就是，在管理企業時，你聽到了對自己的詆毀或誣衊一定不要憤怒。」百萬富翁說。

「這點我能做到，不管我的員工說我什麼，我都不會生氣，我根本不在乎他們說什麼。」小業主馬上回答道。

「你做得很好，這就是我成功經驗的第一條。但是，坦白的說，我真的不願意你這樣的毛頭小子來我的企業工作的……」

「先生，你怎麼可以這樣說我！」小業主生氣的打斷富翁的話。

「請先付給我十美元。」富翁說。

「哦！不過這只是一個教訓而已，對不對？」小業主懊悔的說。

「是的，只是一個教訓。不過說實話，這的確也是我的想法。」富翁說。

「你怎麼能這麼小看我……」小業主有點按捺不住自己的情緒了。

「請再付我十美元。」富翁平靜的說。

「哦！這又是一個教訓，不過你的二十美元也賺得太容易了！」小業主有點氣急敗壞。

「沒錯，二十美元，你是否先付清錢，然後我們再繼續？因為，誰都知道，你有不講信用和賴帳的『美名』……」

「你太可惡了！」小業主簡直暴跳如雷。

「請再付我十美元。」富翁依舊很平和的說。

「啊，又是一個教訓。唉，我最好試著控制自己的情緒。」

「好，我們繼續交談。當然，我的意思也並不完全是那樣的，我認為你是一個很值得尊敬的人，因為考慮到你所從事行業的低賤和你出身的貧窮，……」，富翁依舊平靜的說。

「你從事的行業才低賤！」小業主又一次暴發了。

「請再付我十美元。」

這就是這個年輕人學會自我克制的第一課，他也為此付出了高昂的學費。

最後，那個百萬富翁說：「現在就不僅僅是付給我幾個十美元的問題了，你要記住，商場如戰場，情勢瞬息萬變，如果我們現在是談判，你每一次發火或者你為自己所受的侮辱而生氣時，你都可能因此而失去一張訂單。對你來說，訂單可比你泛泛而談要有價值得多了。」

所以，要想成功，要想成為百萬、甚至千萬富翁，自制力是絕不能缺少的。你無法控制自己的情緒，也就等於丟掉了賺錢的機會，堵住了自己的財路。

控制自己等於控制財富

林肯在年輕的時候，就是一個脾氣暴躁而且缺乏自制力的人。他曾經與人決鬥而幾乎丟掉性命。但是，有一天他終於醒悟到，要成功就必須要克制自己的情緒，於是開始練習自制，終於成為一個具有忍耐力的人。他曾經說：「從我養成這個自制的習慣以後，我自己真不知道獲得了多大的利益！」

在人類的所有情緒中，最需要克制的就是憤怒，因為憤怒會使人失去理智。在許多場合，由於不可遏制的憤怒，人們常常會失去解決問題和衝突的好機會。而且，一時的衝動憤怒，還可能意味著事過之後付出高昂的代價。而實際生活中，因為憤怒而導致的損失更可能是無法彌補的。你可能因此而失去朋友，失去工作，甚至失去很多成功的機會。

百萬富翁喬治．莫森在一次接受記者採訪，談到成功的祕訣時，他認為，自制是他取得成功的重要條件之一。他說：「缺乏自制，不僅會對生活造成極為可怕的破壞，而且會讓自己迷失心智。」

喬治．莫森的這個結論是從一件十分普通的事情中得出的。

有一天，喬治．莫森和辦公室大樓的管理員發生了一場誤會。結果這場誤會導致他們兩人之間彼此憎恨，甚至演變成為激烈的敵對狀態。

這名管理員為了顯示自己對莫森的不滿，當他知道整棟大樓裡只有莫森一個人在辦公室時，就把大樓內所有的電燈全部關掉。這種情形一連發生了幾次，最後，喬治．莫森無法忍受，決定進行「反擊」。

機會終於來了，在一個星期天的晚上，喬治．莫森到休息室裡準備一篇在第二天談判中草擬的合約。而當他剛剛坐到書桌前時，電燈突然全部熄滅了。

喬治．莫森立刻憤怒的跳起來，直接奔向大樓的地下室找這位管理員。當喬治．莫森到那裡時，發現管理員正在忙著把煤炭一鏟一鏟的送進鍋爐內，同時還愉快的吹著口哨，好像什麼事也沒發生。

喬治．莫森立刻對他破口大罵。一連五分鐘，他都以比管理員正在照顧的那個鍋爐內的火更熱辣的詞句對他進行臭罵。

最後，喬治．莫森實在想不出更多的罵人詞句了，只好放慢速度。這時，管理員站直身體，慢慢轉過頭來，臉上露出了平和的微笑，以一種柔和的聲調說道：「哎呀，您今天晚上似乎有點激動，不是嗎？」

他的這句話就像一把銳利的短劍，一下刺進喬治．莫森的身體。

喬治．莫森當時驚訝得一句話也說不出。站在喬治．莫森面前的，僅僅是一位文盲而已，他既沒有什麼修養，也不會進行什麼決策，但是，他卻在這場戰鬥中輕而易舉的打敗了喬治．莫森。

喬治．莫森的良心受到了譴責。他知道，他不僅被打敗了，而且更糟糕的是，他是主動的，而且是錯誤的一方，而這一切只會增加他的羞辱，沒有任何勝利可言。

喬治．莫森知道，自己必須向那個人道歉，內心才會平靜。最後，他費了很久的時間才下定決心，決定到地下室去給管理員道歉。

喬治．莫森來到地下室後，找到那位管理員。這一次管理員同樣以平靜溫和的聲調問道：「這一次您想要什麼？」

喬治．莫森說：「我想向你道歉，如果你願意接受的話。」

管理員臉上又露出那種微笑，他說：「您不用向我道歉。除了這四堵牆壁以及你和我之外，沒有人聽見你剛才所說的話。我不會把它說出去的，我知道你也不會說出去的，因此，我們不如就把此事忘了吧。」

這段話對喬治·莫森的震撼更甚於他第一次聽到的話，因為管理員不僅表示願意原諒喬治·莫森，實際上更表示願意協助喬治·莫森隱瞞此事，不將這件事宣揚出去，以免對喬治·莫森的生意造成傷害。

喬治·莫森向他走過去，抓住他的手，使勁握了握，回到辦公室後，喬治·莫森覺得心情非常愉快，因為他終於有勇氣化解了自己做錯的事。

這件事發生後，喬治·莫森便下定決心，以後絕不再失去自制力。因為一旦失去自制，另一個人——不管是目不識丁的管理員還是有教養的紳士——都能輕易的將你打敗。

下定這個決心之後，喬治·莫森身上很快就發生了顯著的變化，他每天都會微笑著工作，微笑著對待他的員工，他所說的話更具分量。喬治·莫森也結交了更多的朋友，敵人也相對減少了很多。

這件事成為莫森一生中最重要的一個轉捩點。他說：「這件事教導我，一個人除非先控制自己，否則根本無法控制他人。」

控制自己的情緒有時候可以讓你反敗為勝。情緒處理得好，可以將阻力化為助力，幫助你化險解危，使你在危難中安然無恙；情緒處理得不好，就容易將人激怒，導致一些非理性的言語或行為。喬治·莫森的經歷，就證實了這點。

在失敗和危急的關頭，控制自己的情緒是很重要的。有的人面對危難，常常狂躁發怒，最後使事情越弄越糟；而成功的人卻能臨危不懼，沉著冷靜的控制自己，理智的應付危局，化險為夷，為自己創造更多的成功機會。

引導熱情創業成功

我們知道，創業者大多都是非常有熱情的人。試想一個沒有野心沒有魄力沒有熱情的人，怎麼可能期待他能創造出偉大的業績呢？熱情是創業者最基本的前提與素質之一，如果缺乏熱情，創業者可能連自己都調動不起來，也就更談不上創業賺錢了。

大家都知道，當核能以原子彈方式存在時，它會爆炸瞬間釋放出所有能量，它當時的威力是巨大無比的。而當科學家研究出來的方法能一步一步的控制其核能核分裂反應及釋放能量的過程時，這時也就有了和平利用的核能，並有了核能發電廠、核子潛艇等一系列能源源不斷提供能源的原子能利用裝置。

熱情對於創業者來說，就像原子能對於核能發電廠。我們不能讓熱情剛一調動起來，就瞬間燃燒掉所有，最理性的做法是去控制熱情，引導熱情，讓熱情在工作中慢慢釋放，還要在工作中慢慢積蓄。很多創業者在剛剛想到一個好點子好創意後，馬上就興奮不已，立刻開工，不容別人潑半點冷水。其實這種做法是不明智的。熱情是指導方向，要發揮作用就必須與實際結合，必須與理性的決策共舞，而不能獨舞。獨舞的熱情所導致的創業結果只可能是燒掉一切。

威廉．格蘭特白手起家創立了著名的格蘭特公司，格蘭特公司主要以日用品零售為主。在美國歷史上，這家公司有過一段輝煌的歷史。但是，經過七十年左右的經營歷程後，由於公司的決策者在經營策略目標上的失誤，使該公司由盛轉衰，最後不得不以倒閉而告終。

威廉．格蘭特生於西元一八七六年，十九歲就已經顯赫了自己的經營才華，掌管了波士頓的一家鞋店。一九〇六年他拿出了自己的全部資產在林思市投資一萬美元開設了第一家日用品零售店。兩年後，他在其他城市開設了一些連鎖店，銷售收入不斷擴大。到了一九六〇年代，年銷售收入近十億美元，成為美國知名大企業。

然而，在一九七〇年代，格蘭特公司的上層決策者們為了搞垮其他的同行業商店，猛增了自己的連鎖商店，到了一九七四年，格蘭特公司的商店猛增到八萬兩千五百家，是十年前的一千多倍。然而，在這種情況下，格蘭特公司的銷售額並沒有隨著分店的增多而擴大，相反，每家分店的平均銷售額卻急劇下降，連年入不敷出，並且由於分店不斷增加，格蘭特公司欠下了巨額債務，於一九七五年申請破產。

不顧實際、好大喜功導致許多資金無法收回，最終因債台高築而導致破產是格蘭特最大的癥結。格蘭特公司的發展策略缺乏正確的策略思想方針，只是憑藉著一時之快，盲目追求規模膨脹，掉進了負債經營的陷阱，模糊了自己的策略目標，導致了盲目擴張，其結果必然是失敗的。

誰都知道，作戰一定要軍心非常穩定，但軍心的穩定，卻要依賴領導人情緒的穩定。激動起來聲稱要做盡全世界的生意，一遇到困難馬上就沒了主意，這樣的領導人最終一定會被市場所拋棄。

初創的企業一般都很不健全，在開拓的過程中都會遇到各種各樣的問題，員工在這樣的企業裡情緒波動也很大。聽領導人談公司前景及以後有多少利潤上市，有多少股份分發給員工，能讓員工情緒高昂；而一旦遇到該發薪資發不出來時，他們可能又灰心的想公司要是垮了怎麼辦？開始想著該向哪個公司跳槽了。

這樣的時刻，你作為一個企業領導人，如果只會喊口號，對困難視若不見，那是不可能達到任何作用的。員工不可能餓著肚子跟你工作，這是很現實的。反過來，如果你也跟員工一樣沮喪到了極點，一天到晚皺著眉苦著臉，員工就更無法堅持下去了。

正確的方式是應該正視困難和問題，臨危不亂，與員工及合作夥伴坦誠的交流意見與想法，大家一起渡過難關。在這之中，你的自制力很重要。你是否能控制自己的情緒，是成功與否的關鍵所在。

記住：只有適當引導好我們的熱情，我們才有可能創業成功。

低調做大事

頂級商人越是成功，越盡力保持穩定的情緒，行事為人的動作都不會太大，待人處事往往都能沉著得體，深藏鋒芒而不露，不喜歡到處炫耀自己。遇到不良的環境，也能夠積極控制自己的情緒，把握事態發展的方向。

李嘉誠就是一個魚和熊掌都兼得的頂級商人，他控有香港最大的綜合性財團，多年榮膺香港首富乃至世界華人首富。但是，一直以來李嘉誠都很低調，遇到什麼事情，都能心平氣和的處理。他說的每句話，都符合道德規範。

許多人向李嘉誠請教如何才能做好生意，李嘉誠的回答很簡單，就是要時刻保持低調，能控制自己才能控制他人。做生意和做人一樣，都要保持一種平和謹慎的態度。

對於競爭對手，即使對方已經處於絕對的優勢，李嘉誠依然可以保持一貫的低調態度。在當年收購置地時，李嘉誠和李兆基、鄭裕彤、榮智健組成財團，雖然對手處於絕對優勢，但對方反對收購，李嘉誠遂決定收購。之後，當對方想要收購時，李嘉誠又轉讓給了對方。這固然有收購成本過高的考慮，難能可貴的是，李嘉誠沒有利用手中的股權逼迫對方高價贖回，而是以市價轉讓給對手，放棄了一個千載難逢的黃金機會，並且附帶了「七年內不再收購」的條款，為以後雙方合作埋下了伏筆。

控制自己的情緒，時刻能在生活中保持低調，是做大事的必備條件。而許多人稍微一取得點成績，賺到點錢，就一副不可一世的樣子，花錢如流水，張揚過市，結果本來可以成就的大事業，卻可能因此而一敗塗地，難以東山再起。缺乏自制力，最終必將導致引火焚身。而具備自制力，不僅是個人素質的良好體現，也是控制和創造財富的關鍵所在。

如果我們用財富來談論成功，臺灣的王永慶可謂是超級富豪了，即使在世界企業家的行列中，「王永慶」三個字也是如雷貫耳。王永慶不僅是臺灣最大集團——台塑關係企業集團的董事長，也是臺灣工業界的領袖，更是聞名世界的富翁。

然而，這麼一個擁有數十億美元家產的超級富翁，個人生活卻節儉得令人難以置信。在家中，他每天堅持做毛巾操，所用的那條毛巾居然用了二十多年沒有換，直到實在無法使用為止。家裡的肥皂，即使剩下一小片，也不會丟掉，而是將其黏在大肥皂上完全用光。

王永慶的這種作風，在公司裡也同樣保持。他一般會在公司裡吃午餐，絕不特殊化，吃的是和一般部門主管一樣的便當，而且邊吃邊聽彙報，檢查工作。他招待客人時，並非到豪華的大飯店裡大擺宴席，而是在各分公司設立的招待所中設便飯招待客人。

按我們常理理解，像王永慶這樣的富翁，一擲千金對他來說根本不算什麼，但是，王永慶認為，一個商人的成績無論多大，都只是這個社會中普通的一員。要謀求發展，就必須處處小心謹慎，自控自制，低調做人，穩步前進。

控制情緒找對方法

一個人培養自制力的實質，就是要控制好自己的情緒。心理學家將情緒分為積極情緒和消極情緒兩種。積極情緒包括愉悅、快樂、自信、開心；消極情緒則包括憤怒、憂傷、恐懼、痛苦、不安、自卑、暴躁等。

情緒的好壞，可以影響一個人的行為。積極的情緒會產生正確的行動，而消極的情緒則容易產生負面作用。

有一位富翁，平時工作壓力非常大。為了增加工作的樂趣，讓自己時刻保持良好的情緒，他在工作時，每工作一段時間，就去換一件衣服，以此來改變自己的心情。有時候他也會做一些其他的事情，例如泡一杯咖啡，切一塊糕點放在漂亮的餐盤上。他發現，這些做法都能使自己保持愉悅的情緒，提高工作的效率，並且工作變得非常輕鬆愉快。

消極的情緒常常會使人失去心理上的平衡，讓人萎靡不振、情緒低落、渾身無力。而且，長期處於一種消極情緒中，還容易引發各種疾病，嚴重的甚至會導致死亡。比如在西元一世紀的古羅馬國王納瓦，在一次會議上，因一個議員的大膽冒犯，使得這位不可一世的國王暴跳如雷、拍桌怒斥，結果當場死去。

在創業致富的道路上，最大的敵人往往並不是缺少機會，也不是資歷淺薄，而是缺乏對自己情緒的控制能力。因此，卡耐基說：「在我們生命中的每一天，每個人首先面臨的就是情緒管理。因此，我毫不猶豫的將情緒管理稱為整個人生的第一管理。」

既然情緒管理對創業致富如此重要，那麼我們該如何有效的管理好情緒呢？

首先，要能夠適時的宣洩疏導不良狀況。人都有壞情緒的時候，有些人常常自己將壞情緒憋在心裡。實際這是非常不利的。壞情緒必須有一個宣洩的出口，這樣才不會影響健康及工作。

對不良情緒的宣洩方法很多，如找人傾訴、寫日記、看電影、聽音樂等，都可以讓自己的情緒得到釋放。人所能承受的心理壓力是有一定限度的，一旦超過這個極限，心理發展就會出現問題，身體健康也會受到危害。而打開「心理控制閥」，適當宣洩，就能緩解心理壓力，恢復心理平衡。

其次，要進行合理認知。實際上，人們對挫折情緒的反應並不在於挫折本身，而在於對挫折的不合理認知。比如在生活中，我們常常認為：人應該得到生活中所有對自己來說很重要的人的喜愛和讚許；有價值的人應在各方面都比別人強；任何事情都應按自己的意願發展，否則就會很糟糕等等。而實際上，這些是難以全部實現的。透過對這些不合理認知的糾正，以合理認知方式代替不合理認知，就可以減少不合理的信念，給人的情緒帶來積極影響。

第三，將壞情緒進行轉移。當你的目標不能實現時，或者你遭遇挫折時，你的情緒都會受到影響。

這時候，你可以用另一種心理活動來驅除心中的不良情緒。比如：當你在實現一個目標時，雖然歷盡千辛萬苦，最後卻仍然以失敗告終，這時候，不必灰心，你可以重新設定一個目標。要鼓勵自己，致富賺錢的門路很多，「條條大路通羅馬」。或者，當你有不良情緒時，去參加一些愉快的活動，將注意力轉移到其他事情上，如聽聽音樂、看看電視、欣賞書法、打打球，此時你會發現，心情會平靜許多。

消極情緒就像一匹無韁的野馬，但如果你能駕馭它，它也同樣能日行千里。如果把消極情緒引向正的一面，它也能釋放出很大的能量。這就是引導昇華。

有學者指出：「在大多數情況下，人們會在不知不覺中將不快的能量積滯於心中，然後又會不知不覺的被這些消極能量蠶食著身心。為避免發生這種情況，最重要的就是要掌握情緒昇華技巧，以便將其轉化為創造性的能量，進而使自己的能量從病態折磨中解放出來。反過來說，能否將這種能量以健康的方式轉發出去，也是衡量我們教養水準的尺度。」

記住這句話：一旦你學會了依照自己的選擇控制情緒，你就踏上了一條通向「致富成功」的道路。

自制備忘錄：

NO.1　自制力，是一個人成功的基本要素。

NO.2　能夠控制自己的人，才能將財富掌控在自己手中。

NO.3　在失敗和危急的時刻，保持冷靜的頭腦更加重要。

NO.4　低調不是無能的表現。

NO.5　用幽默來化解你心中的不快，緩解你事業上的壓力。

本節測試：你具有出色的自制力嗎？

對某些人來說，緊張就是生活。醫生每年都要開出超過八千萬副的鎮靜劑藥方，幫助人們穩定情緒。但即使這樣，仍有些人無法控制好情緒。經常處於壞情緒中，會給自己和他人帶來破壞性後果。研究人員設計了很長的調查問卷，用於識別不會處理壓力的人。下面的測試是根據約翰．霍普金斯大學利奧那多．迪洛葛提斯的研究設計的，用於評估你處理不同壓力的方式。

現在就開始吧！

1.必須排隊等候時，你非常不耐煩。

A.很少　B.有時　C.經常

2.你會努力工作，用心玩樂，什麼事都爭取盡力做到最好。

A.很少　B.有時　C.經常

3.交通堵塞時，你很容易煩躁。

A.很少　B.有時　C.經常

4. 你比大多數朋友都積極能幹。
A. 很少　B. 有時　C. 經常

5. 你一生氣就會摔門砸東西。
A. 很少　B. 有時　C. 經常

6. 當看到別人不認真工作時，你就會很惱怒。
A. 很少　B. 有時　C. 經常

7. 你開車、購物或工作感到煩躁時，就會喝斥陌生人。
A. 很少　B. 有時　C. 經常

8. 你的事情沒做好，會和自己生氣。
A. 很少　B. 有時　C. 經常

9. 生氣時，你的動作就會加快，如開車、吃飯、走路都會加快。
A. 很少　B. 有時　C. 經常

10. 你不會輕易原諒或忘記得罪過你的人。
A. 很少　B. 有時　C. 經常

現在來看看你的得分情況吧！

選「A」每題得1分，選「B」每題得2分，選「C」每題得3分，然後計算總分。得分越低，說明你在日常生活中適應性越強。

測試結果：

0～15分

你是個很低調的人，容易相處。

16～23分

你對得失成敗的情緒反應適中，需要適當控制自己的情緒。

24～30分

你生活在壓力中，因此你必須使自己放鬆，對生活有較為樂觀的看法。

第五課 管理能力 & 學會把自己變成一個核心

控制情緒找對方法

第五課　管理能力&學會把自己變成一個核心

在創業初期，自己首先要做好一名管理者。管理者雖然不直接進行生產和勞動，但它會體現在員工的工作態度、技能及產品的生產、銷售上。成功的商人，常常也都是成功的管理者，是善於利用各種有利的措施凝聚內部成員，提高企業戰鬥力的優秀領導。

人性化管理決定財富

現代企業的管理都強調以人為本，認為人才是企業的生命力。設備壞了可以重買，投資失敗了可以積蓄力量重新再來，但如果人心渙散了，那是根本難以彌補的。因此，要創造一個健全的人事環境，使任何一個工作人員都安於工作、樂於工作、忠於工作，主動將智慧、勞力和潛力奉獻出來。

作為一個商人，如果你對員工噓寒問暖，悉心關照，想員工所想，急員工所急，那會怎麼樣？從物理學角度來說，就是作用力和反作用力的關係。你對員工好，員工自然也願意為你工作。這樣，最後就形成一種員工與公司共同進步的局面。

索尼（SONY）創始人盛田昭夫曾經很自豪的說：「我們公司自創立以來，我沒有一次因員工偶爾犯下的過失而將其解雇。我不能那樣做。」

盛田昭夫是個愛好在上流社會裡交際的人。但是，他對一線的員工也是極為關懷的。

有一年夏季，他在美國參觀一家電視機廠，首先引起盛田昭夫注意的是，上司的辦公室裡都裝有冷氣空調，工作環境舒適而又愜意，但一進入他們的生產線，映入眼簾的卻是另外一種情景：工人們汗流浹背的在那幾乎令人窒息的悶熱環境中工作著，嗡嗡吵雜的電風扇，來回吹出的也是一陣陣的熱風，工人們酷熱難熬、疲憊不堪。在這種勞動環境下工作，要想完成高品質的技術要求，那簡直是太難了！

這時，盛田昭夫想到了他的索尼。在日本工廠裡，工廠的生產線常常要比員工的家更為舒適，這也是日本工廠裡極為普通的現象。在一九五〇年代，索尼公司的冷氣設備就已經裝在生產線而不是上司的辦公室了。

在我們的印象中，像索尼這樣的大公司，都有一批叱吒風雲的企業家，公司的一切都應由他們獨自決定。其實不然，盛田昭夫的做法是：索尼的一切重大事項都要向全體員工作詳細說明，經由員工討論。有時，普通員工或中層幹部的一些提案，企業領導團隊或原封不動、或略加修改，再發至基層，廣泛徵求意見。正因為如此，一個方案，不管來自生產線還是來自領導部門，只要作為公司的方針確定下來，員工們便會群策群力，為之奮鬥。

不僅盛田昭夫如此管理，其他很多事業成功的富翁也是採取類似的人性化管理的。

韓國著名商人、十大財閥之一、鞋業大王梁正模在開始創業前，曾在他父親的公司裡做事，主要工作是處理公司與代理商之間的有關事宜。

在一般人看來，公司和代理商之間只不過是普通的業務往來而已，不需管太多其他的事。但梁正模卻能突破這種簡單的關係。他不僅非常真誠的與這些代理商交際，還能夠站在代理商的立場替他們著設想，充分照顧他們的利益，所以代理商們都很喜歡與他打交道。

具備了這樣的人情資源，梁正模在後來開始自己的事業時，就擁有了一筆豐厚的無形資產，而且這筆無形資產馬上又轉為了有形資產。

開始創業時，梁正模並沒有足夠的資金，向銀行貸款又困難。這時那些代理商們便主動向他伸出援助之手，借給梁正模一筆資金，而且不要利息。有了這些朋友們的及時援助，梁正模的工廠才得以如期竣工。

然而不幸的是，梁正模的工廠建成後，卻遭遇了幾次火災。結果這些代理商們每次都會給予他幫助。

梁正模不僅在打工時與代理商們處得非常融洽，他自己做了老闆後，也沒有把自己看成是主宰員工命運的上帝，而是對員工非常關懷。在和員工接觸時，他並不單純的把注意力集中到公司的具體事宜上，更不會揪住員工的錯誤不放。而是悉心將員工們在工作和生活上遇到的困難一一記下，然後想辦法為他們解決。

在梁正模的公司裡，有一個叫朴明鎮的技師，他的家鄉在平壤，由於戰爭，他不得不與家人分離，最後由於朝鮮半島被人為的分成了南、北兩個部分，他與他的家人被迫分別處在了兩個互相對立的國家，不能來往。他非常思念自己的親人，可對這種分離的狀況，他又束手無策，只好每天借酒澆愁。

本來呢，朴明鎮技師是梁正模花了比他以前在別的廠多幾倍的薪水挖到自己的廠裡來的。一般人在花了重薪請來了人之後，就覺得自己夠對得起他了，甚至有的老闆認為他應該為這份豐厚的酬勞感謝自己。可梁正模在得知了這件事之後，並沒有把朴明鎮找過來，像一般領導對下屬那樣，把他說一頓，再說些保重身體之類的話。相反，他每天都去這個技師買醉的地方，陪他一醉方休之後，到半夜才回家。這樣的以人之憂為己之憂，怎能不打動人？這位技師後來過意不去，晚上也不出去喝酒了，而是把全部的身心放在技術創新和技術改造上，使公司的產品在品質和產量上都大有提高，在競爭中處於更為有利的領先地位。

梁正模的人性化管理方式，使他的員工永遠都不會在私下裡批評他，他得到了員工忠誠不二的擁護。同時，也因為他使員工獲得了最大的工作保障，他本人的事業也獲得了巨大的成功。

由此可見，梁正模的成功，基本上依賴於他管理的成功。「人性化管理」不同於傳統式的管理，老闆常常咆哮、威脅、嚴厲的對待員工，那只會使員工工作更加缺乏熱情，造成逆反心理。試想，員工不願意工作，又如何能為你創造財富呢？只有重視人與人之間的「親情式」關係，憂員工所憂、急員工所急的管理方式，才會換得員工願意與你同赴艱難，共創輝煌。

激勵別人和自我激勵

在經營管理中，激勵和自我激勵對於企業發展非常有幫助。聰明的老闆都知道，管理好員工的最佳方法就是讓他們覺得你對他們好，讓他們感到為你做事開心，這樣才能大大的提高工作效率，創造更多的價值。精通「感情管理」，能夠激發員工的工作熱情，是一個成功者的「素質」。

聯邦快遞是美國工作條件最佳的十家公司之一，為什麼它可以取得這樣的成就呢？

這要歸功於聯邦快遞公司管理者的管理方法。聯邦快遞公司的創始人弗雷德·史密斯在公司實行了「內部提升制度」，即只要員工的工作做得好，能力出眾，就會將其從一名普通員工提升為部門主管。為了激發員工的潛力和向心力，聯邦快遞公司還推行了一套公平的入股分紅的辦法，使公司員工可以經過努力得到公司的股份，參與公司的分紅。

在管理過程中，史密斯要求每位部門的主管都必須作出激勵員工工作熱情和士氣的具體計畫，同時在計畫中還要找出每個部門潛在的問題。此外，他還組織公司人事部在全體員工中進行民調測驗，調查掌握下屬對主管的意見和要求。他還讓公司印製了幾百枚印有「B」或「Z」字樣的貼紙，凡是表現出色或完成艱巨任務的員工，都可以獲得這樣一枚貼紙，他們把貼紙貼在胸前，如同立功將士的勳章。

聯邦快遞公司始終將激勵下屬的士氣作為首要的工作，公司在員工工作上採取了各種各樣的管理辦法，形成了聯邦快遞所特有的、能夠使聯邦公司永保勃勃生機的企業內部激勵機制。

西方的一位著名學者認為：「有效的管理就是最大限度的影響追隨者的思想、感情乃至行為。」人是有著豐富感情生活的高級生命形式，作為領導者，一定要掌握人的情感，與下屬進行有效溝通和鼓勵，尊重員工，關心員工，這對員工為企業創造價值是有一定意義的。

斯特松公司是美國最老的製帽廠之一，一九八七年，公司的經營狀況非常糟糕，產品產量低，品質差，勞資關係極度緊張。此時，當地的一位管理顧問薛爾曼應聘進廠調查。

薛爾曼的調查結果顯示：公司的員工們對管理層、工會缺乏信任，員工彼此之間也缺乏信任，因此員工缺乏工作熱情，不願意為公司工作。

透過傾聽員工的心聲，認清問題所在，薛爾曼開始實施一套全面的管理措施，即讓管理層的人員多與員工進行溝通和激勵，培養企業的團隊精神。四個月後，不但員工的憎恨責難心態有所改變，同時他們也開始展現出團隊精神，生產力開始有所提高。

感恩節前夕，薛爾曼和公司的最高主管親手贈送火雞給全體員工。隔天，他們就收到了員工回贈的像一張報紙那麼大的簽名謝卡，上面寫著：「謝謝把我們當人看。」

美國著名的管理學家湯瑪斯．彼得斯曾大聲疾呼：「你怎麼能一邊歧視和貶低員工，一邊又期待他們去關心品質和不斷提高產品品質！」他建議，管理者要把激發員工的工作熱情當成是一個領導者的「素質」。素有「經營之神」之稱的日本松下電器總裁松下幸之助有一次在一家餐廳招待客人，一行六個人都點了牛排。等六個人都吃完主餐後，松下讓助理去請烹調牛排的主廚過來。主廚很緊張，他知道客人來頭很大。

「是不是牛排有什麼問題？」主廚緊張的問。

「不，烹調牛排對你已不是問題了，」松下說，「但是我只能吃一半。原因不在於廚藝，牛排真的很好吃，你是位非常出色的廚師，但我已經八十歲了，胃口大不如前。我想當面和你談，是因為我擔心，當你看到只吃了一半的牛排被送回廚房時，心裡會難過。」

如果你是那位主廚，聽到松下先生的如此說明，會有什麼感受？是不是覺得備受尊重？

不必事必躬親

作為企業的老闆，對企業中的每件大事小事都要管都要問，這是管理中最常見的一種誤解。看起來似乎對企業很有好處，但這樣做的後果是公司千頭萬緒的事全匯集在老闆一個人身上，不僅是自討苦吃，還得不到良好效果。

史蒂夫．鮑爾默曾說：「有人告訴我，他一週工作九十小時。我對他說，你完全錯了，寫下二十項每週至少讓你忙碌九十小時的工作，仔細審視後，你將會發現其中至少有十項工作是毫無意義的，或是根本不需要花費那麼多時間，甚至是可以請人代勞的。」

史蒂夫．鮑爾默曾給微軟經理這樣一條忠告：「不要什麼事都做，你的任務是計畫、組織、控制、指揮。」

關於史蒂夫．鮑爾默的授權藝術，微軟公司前全球副總裁李開復博士曾這樣評價道：「史蒂夫．鮑爾默，微軟的首席執行官，是近年來對我影響最深的人。幾年前的鮑爾默就像個果斷的老闆，凡事喜歡一手抓，而且，總是在最前台鼓舞士氣。做了首席執行官後，他放權給公司七大部門的負責人，不再做每件大事的最後決定人，這反而加快了七個部門負責人的成長。他不再做一個最有煽動力的啦啦隊員，而是一個幕後的教練。他把自己對競爭對手的研究轉換成對人才的研究。鮑爾默的行為對我很有啟發。在我對任何要求回答『我做不到』之前，我總會想到鮑爾默可以做到，我為什麼不試試？他這個榜樣幫助了我的成長。」

在致富管理過程中你要明白，一個人只有一雙手，一天即使不睡覺也只有二十四小時可供你用來工作，何況你也做不到天天不睡覺。因此，你不可能什麼事都親自做，你必須授權給屬下。當然，員工做錯了事情，你必須去分析與了解，除非是故意，否則就不該大聲責罵他們，而是應該及時給予指導，告訴他該如何去做，如何解決問題。

當然，要做到不用事必躬親就必須要放權給下面的員工，培養員工的獨立工作能力。在放權給下屬時，為了企業的發展，選擇放權對象時切不可盲目，要選擇有潛力且適合擔任此工作的員工。

零售業鉅子彼得在談到他如何放權給員工時說：「因為我有好的員工，我授權給他們全權處理。尤其工廠方面，只要他們遵循公司的規定——哪家工廠提供的樣品，一旦獲得訂單必須給該廠，除非該廠因不接或倒閉才允許轉廠，但必須事先徵求我的同意。他們有百分之百的決定權，決定該多高價格給該廠，我很少過問，即使我在公司也很少出面與員工交涉，除非他們不能解決。也不是每個屬下都可授權，不是錄用人之後，馬上授權。在授權之前，你必須親自觀察一段時間，了解他對公司的忠誠度與處世的態度、方法等。若他能夠對公司忠誠，處理事情公正，行動迅速和果敢，你就可以採取漸進式的授權方法了，一旦你覺得可以完全信任他時，你便可以完全授權，然後在背後做些評估和追蹤工作，如此才能留住一個優秀的人才，為企業創造價值。」

有些人對授權有所疑惑，誤認為既已授權，就以為什麼事都可以不聞不問。其實，這是十分錯誤的觀念。

授權是讓員工有自主權，好像自己是老闆一樣，獲得尊重與肯定。但授權並不是要你授權之後什麼都不去管，你仍須隨時待命，當公司遭遇極大難題，員工解決不了時，你仍然需要親自出馬。絕不可不理，讓公司承受損失，那就失去了授權的意義。

事必躬親，是對員工智慧的扼殺，往往事與願違。長此以往，員工容易形成惰性，責任心也會大大降低，將責任全推給老闆。情況嚴重時，甚至會導致員工產生逆反心理，即便工作出現錯誤也不情願向老闆提出。更何況人無完人，個人的智慧畢竟是有限且片面的。一個聰明的老闆，會懂得為員工畫好藍圖，給員工留下空間，發揮他們的智慧，讓他們畫得更好。同時，多讓員工參與公司的決策事務，不僅是對他們的肯定，也是滿足員工自我價值實現的精神需要。賦予員工更多的責任和權利，他們會取得讓你意想不到的成績。

批評也要講究藝術

批評員工，是你管理工作程式中不可避免的一個環節。不管處於何種目的，對員工的批評，都會促進或影響公司內的正常工作。

應該說，批評員工是一種「負面強化」的激勵手段，也是對人的某種行為給予否定或懲罰，使之逐漸減弱、消退、克服缺點，改正錯誤，努力上進。但是，人都有被尊重的需求，所以在管理過程中，批評和懲罰最好少用。如果非用不可，聰明的管理者也會使批評具有藝術性，運用恰當的方法進行。日本索尼公司創始人盛田昭夫就是這樣批評他的員工的。

隨身聽是索尼公司的重要產品之一。一天，索尼的一家分公司銷售到東南亞的產品出了問題，總公司不斷收到來自東南亞的投訴。經調查發現，原來是這種隨身聽的包裝上出現了一些問題，但並不影響隨身聽的內在品質，分公司立即更換了產品包裝，將問題解決了。

但是，盛田昭夫對這件事卻很在意。他將這家分公司的經理請到總公司的董事會上，要求他對這項錯誤作一個陳述報告。在會上，盛田昭夫對其進行了極其嚴厲的批評，並要求全公司以此為戒。這位經理在索尼公司已經工作了幾十年，這還是第一次在眾人面前受到如此嚴厲的批評。他感到非常難堪，甚至禁不住失聲痛哭起來。盛田昭夫的小題大作使其他董事都認為他做得太過分了。

會議結束後，該經理沮喪的走出會議室，心裡考慮著是否應該提出辭職。此時董事長的祕書走過來，盛情邀請他一塊去吃飯，該經理哪還有這樣的心思，但無奈祕書強拉硬扯，只好隨祕書進了一家飯店。經理說：「我現在已是被公司拋棄的人了，你怎麼還請我吃飯。」祕書說：「董事長根本沒有忘記你為公司做的貢獻，今天的事情他也是出於無奈。會後，他為這件事很傷心，所以特地叮囑我請你吃飯」。

後來，祕書又對他說了一些安慰的話，經理不平衡的心態才緩和了一些。吃完飯、喝完酒，祕書陪著這位經理回到家。剛進家門，妻子就迎上來對他說：「你們總公司對你可真好！」

經理聽了非常奇怪。這時，妻子拿來一束鮮花和一張賀卡說：「今天是我們結婚二十週年的紀念日，你肯定也忘記了，可是你們總公司還為我們記著呢！」

原來，索尼公司的人事部門對員工的生日、結婚紀念日等都有記錄，每當遇到這樣的日子，公司都會為員工準備一些鮮花或禮物。只不過今天很特別，鮮花是董事長盛田昭夫特意為他們訂購的，並附上了一張他親手寫的賀卡，勉勵這位經理繼續為公司竭盡全力工作。

如果你是這位經理，是不是也會為此非常感動呢？這就是盛田昭夫的批評藝術。為了總公司的利益，盛田昭夫對犯錯誤的員工不能有絲毫的寬待，但考慮到這位經理是老員工，為公司做過不少貢獻，為了避免徹底打擊他的自信心和工作熱情，事後採用這樣的方式向其表達一定的歉意。盛田昭夫的這種批評方式，被索尼公司的許多人稱之為「鮮花療法」。

盛田昭夫的批評方法之所以不會起到反作用，就在於它符合人性的特點。我們每個人都有自我滿足的需要，這種需要除了基本的生理需要以外，還有被別人承認、受社會尊重、有成就感等心理需要。作為一個成功的商人，你不僅要在物質生活上滿足員工的願望，還應該在心理上讓你的員工感到自己被尊重、自己的工作有意義，這常常要比金錢等物質上的獎勵更能激發員工的鬥志。

融和特色管理

一般來說，歐美企業和日本企業的管理方式各有不同的特色。歐美企業多強調個人的奮鬥，而日本企業則更注重發揮組織的團隊作用。

要促進企業的發展，實行現代化管理很重要。所謂現代化管理，就是要促使不同特色的管理相互融合以資借鑒。比如歐美和日本企業運用融合管理策略都取得了很大的成功，使融合管理成為世界流行的管理思想和方法。

在特色管理中，強調企業成員的整體感，使企業的每個成員都對公司產生使命感。「我就是公司」是融合管理中的一句最為響亮口號。要知道，企業是由眾多員工共同支撐的，而那些具有創新精神的員工作用更大。因此，企業的管理者要能夠放手讓下屬決策，自己管理自己，盡情為企業貢獻心力，讓員工感到自己是企業的主人。

同時，企業中的每個人生活經歷、學識水準也各不相同，所以肯定會產生各種不同的看法和做法。聰明的老闆會促使員工將不同的看法和做法相互交流補充，使一種情況下的缺點變為另一種情況下的優點。

融合管理在某種程度上可以揚長避短，使公司快速正常運轉、盈利。但是，並不是每個公司都要採取這種較先進的管理，有些特色管理同樣可以獲得很好的效果。海爾集團的特色管理就是一個非常成功的範例。

海爾集團從一個虧損一百四十七萬元瀕臨倒閉的小廠發展到今天，成為中國家電行業名列前茅的大型企業集團，其創造了一整套縝密的經營管理方式之外，更重要的也許是海爾的特色管理。

海爾集團的特色管理總體可概括為「日事日畢，日清日高」，即今天的工作必須今天完成，今天完成的事情必須比昨天有質的提高，明天的目標必須比今天更高一點。企業每天所有的事都有人管，做到控制滴水不漏；同時所有人也均有管理、控制的事項，按規定的計畫執行，每天都要把實施結果與計畫指標對照、總結、矯正，進而達到事物發展過程日日、年年控制的目的，確保事物向預定目標發展。

「綠色工位認證」是海爾現場管理的另一大特色。在海爾的生產線裡，每個班組負責的工序上都掛著一塊赫然醒目的牌子，上面寫著班組每個員工的名字，名字底下分別貼著一些綠色或黃色的圓標籤，這是海爾實施「綠色工位認證」的動態顯示。綠色說明該工位處於正常狀態，黃色則說明該工位工作有偏差，必須盡快解決。

「綠色工位認證」管理不僅對員工達到了激勵作用，還使生產線的管理人員對各個員工的狀態一目了然。

海爾生產線還有一個明顯的特點，即標語口號少，各種牌、單多。電梯、窗玻璃、消防器及每台設備上，都清晰的寫著事情的編號、責任人的編號和檢查人員的編號。在海爾，大到一台設備，小到一塊玻璃，都明確的規定主管人、責任人、考核者，每個生產線都設有「生產線日清欄」。每天的工作品質、勞動紀律、工藝、文明生產、設備耗損的情況在欄內一覽無遺。十個重點工序也都設有品質控制點，建立嚴密細緻的制度。一百五十六個品質控制點都有品質跟蹤單。也正是這種沒有漏項的嚴密控制體系，使海爾的生產經營始終處於有條不紊的狀態中。

此外，「海爾」集團每個職員的收入也都是公布的，從不含糊。每一個職員都有一冊品質價值券，工作中的每一個缺陷，都有相應的責任價值。品管員發現缺陷後，當場撕券。堅持即時獎懲，是海爾集團管理上的一個特點。

十多年來，海爾的特色管理使海爾實現了十年創銷售值二十五億元，利潤達兩億元的神話，使海爾在市場的斜坡上緩緩上升，也實現了美國企業家夢寐以求的願望，使海爾成了知名度很高的大型企業集團，初步實現了製造一流產品和造就優秀員工的雙重目標。

成功的管理是一個企業成功的關鍵所在，也是你通向富翁之門所必經的道路。獨具特色的管理方法，可以幫助你的企業快速成長，也使你更快的跨進財富的大門。

管理備忘錄：

NO.1　管理決定企業的戰鬥力和你所獲得的利潤。

NO.2　激勵是使員工為你創造價值的最有效的方法。

NO.3　放心把權利交給別人，讓自己有更多的時間和精力用到企業更重要的事情上。

NO.4　管理有道，有道即可凝聚企業的內部成員，提高企業的戰鬥力。

NO.5　管理要有人性化，還要有自己的特色。

本節測試：你的管理能力如何？

管理能力是每一個管理者必備的重要能力。要在創業中取得出色成就，就需要在工作中不斷的培養、累積自己的組織管理能力。下面的測試題，請你根據自己的實際情況回答。

測試說明：

以下15道題，表示肯定的計1分，表示否定的計0分。做完後將總分與結果對照。

1. 你習慣於行動之前制定計畫？

A. 是　B. 否

2. 你經常處於效率上的考慮而更改計畫？

A. 是　B. 否

3. 你能經常收集他人的各種反映？

A. 是　B. 否

4. 你認為實現目標是解決問題的繼續？

A. 是　B. 否

5. 你每天在臨睡前都思考籌劃明天要做的事情？

A. 是　B. 否

6. 你經常對事務上的聯繫、指令一絲不苟？

A. 是　B. 否

7. 你有經常記錄自己行動的習慣？

A. 是　B. 否

8. 你能嚴格制約自己的行動？

A. 是　B. 否

9. 你無論何時何地，都能有目的的行動？

A. 是　B. 否

10. 你能經常思考對策，掃除實現目標中的障礙？

A. 是　B. 否

11. 你能每天檢查自己當天的行動效率？

A. 是　B. 否

12. 你經常嚴格查對預定目標和實際成績？
A. 是　B. 否
13. 你對工作的成果非常敏感？
A. 是　B. 否
14. 你對今天預先安排的工作絕不拖延到明天？
A. 是　B. 否
15. 你習慣於在掌握有關資訊基礎上制定目標和計畫？
A. 是　B. 否

結果分析：

0～5分
你的管理能力很差，但你具有較高的藝術創造力，適合從事與藝術有關的具體工作。

6～9分
你的管理能力較差，這可能與你言行自由，不服約束有關。

10～12分
你的管理能力一般，對你的專業方面的事務性管理尚可。管理方法經常受到情緒的干擾是最大的遺憾。

13～14分
你的管理能力較強，能穩重、扎實的做好工作，很少出現意外或有損組織發展的失誤。

15分
你的管理能力很強，你擅長有計畫的工作和學習，尤其適合管理大型組織。

第六課　社交能力&與人交往如魚得水

二十一世紀，資源和資訊就是財富的「硬體」，而如何掌握、運用、配合、突破及跟進它，則是財富的「軟體」，因此，要獲得財富，就必須要學會運用周圍的資源及資訊。

幾年前，有人曾分析美國一百位白手起家的百萬富翁，他們的年齡從二十一歲至七十歲，教育程度從小學到博士。然而，這些富翁們都有一個共同的特徵，那就是他們都擁有良好的社交能力。良好的社交能力可以幫助商人實現財富的增值與飛躍。因此，社交能力可以作為經商的重要資本。

人脈關係能生錢

有這樣一個調查資料顯示，在未來的所有行業中，彼此需要有聯繫的行業將占總數的百分之八十一。因此，如何維繫和營造有益於創富的人脈關係就顯得尤為重要。

我們熟知的石油大王洛克菲勒對此就深有體會，他說：「待人處世的本領是無價之寶，我願意犧牲太陽底下的任何東西去獲取它。」

那麼，究竟什麼才是人脈關係呢？它為什麼又具有這麼重要的作用呢？

所謂人脈，也就是表現在人與人之間相互交往及相互聯繫的心理關係，或者主要指個體在社會交往中形成的人與人之間的相互作用和相互影響，包括個體在生活及其他社會活動中形成的一系列與他人之間的關係。

在創業過程中，你的人脈關係好與壞，將直接影響到財富的創造。俗話說：「一個好漢三個幫。」任何一個人的成功，都不可能靠一己之力，而要與機會和環境相配合。因此，我們可以這樣說：「人脈關係能生錢！」

當然，人脈關係能生錢也不是說「關係」本身就能「生錢」，而是要使「關係」幫助商人做成生意，進而創造財富。

著名的維克多連鎖店從發展到壯大，就是依靠人脈關係的力量才得以迅速成長起來的。

維克多從父親的手中接過了一家食品店，這是一家古老的食品店，很早以前就存在而且已出名了。維克多希望它在自己的手中能夠發展而且更加壯大。

一天晚上，維克多在店裡收拾，第二天他將和妻子一起去度假。他準備早早的關上店門，以便做好準備。突然，他看到店門外站著一個年輕人，面黃肌瘦、衣衫襤褸、雙眼深陷，典型一個流浪漢。

維克多是個菩薩心腸的人。他走了出去，對那個年輕人說道：「小夥子，有什麼需要幫忙的嗎？」

年輕人略帶靦腆的問道：「這裡是維克多食品店嗎？」他說話時帶著濃重的墨西哥口音。

「是的。」維克多回答道。

聽了維克多的話語，年輕人的臉有點紅了，低著頭，小聲的說道：「我是從墨西哥來的，在這裡找了兩個月的工作也沒找到。我父親年輕時也來過美國，他告訴我在你的店裡買過東西，就是我戴的這頂帽子。」

維克多看見小夥子的頭上果然戴著一頂十分破舊的帽子，雖然滿是汙漬，但是還是能夠看見那模糊的「V」字形符號正是他店裡的標記。

「我已經好久沒有吃過一頓飽餐了，也沒有錢回家了，我想……」說到這裡，小夥子的聲音低沉了下去。

維克多知道了眼前站著的人只不過是多年前一個顧客的兒子，但是，他覺得應該幫助這個小夥子。於是，他把小夥子請進了店內，好好讓他飽餐了一頓，還給了他一筆車馬費，讓他回國。

過了不久，維克多就把這件事忘記了。

十幾年後，維克多的食品店越來越興旺，在美國開了許多家分店，他於是決定向海外擴展，可是由於他在海外沒有根基，要想重新發展也很困難。為此維克多一直猶豫不決。

正在這時，維克多突然收到一封從墨西哥寄來的信，原來正是多年前他曾經幫過的那個流浪青年。

此時，那個年輕人已經成為了墨西哥一家大公司的總經理，他在信中邀請維克多去墨西哥發展。這對於維克多來說真是意外驚喜。他喜出望外，有了那位年輕人的幫助，維克多很快在墨西哥建立了他的連鎖店，而且發展的異常迅速。

人是社會的組成因素之一，在致富過程中，你肯定會不可避免的要與他人相處。美國心理學家在貝爾實驗室做過一項研究，結果說明，良好的人際關係對於一個人事業的成功具有重要作用，和諧的人際關係，是一個人想要獲取成功的首要基石。該實驗室的人員都是學術智商很高的工程師和科學家，但他們之中，有的人出類拔萃，有的人卻碌碌無為。差別的原因在於，那些有突出成就的人有困難會隨時尋求幫助，並且很快就會有結果；而那些表現平庸的人，雖然也會尋求別人的幫助，但往往是徒勞無功。

良好的人脈關係不僅能使一個人和諧的融入團體，更重要的是，它可以使自己的能力得到極大的拓展，而且是與他人合作、互惠互利的基礎。所以，切記要建立和諧的人脈關係，它將會成為你生財路上的堅強後盾。

時刻經營關係網路

在需要他人說明的時候，你能得到多少幫助，取決於你之前的努力。最好的方法，就是在與人交往中時刻注意經營關係網路。

如今的社會就是一個「關係」的社會。縱橫交錯的「關係網」滲透到生活、生意中的各個角落。有一張好的關係網路後，聰明的生意人就會懂得活用這張網中的各種關係。比如：有的關係可以給你提供最新的資訊，有的可以給你出謀劃策。儘管各種關係作用不同，但對你來說，這些關係在你創業的過程中卻是至關重要的，所以一定要對它們進行歸納，對各種關係的功能和作用進行分析、鑒別，把它們編織到自己的關係網之中。

在生意場上，不懂得充分利用關係網路是絕對錯誤的。一個人不可能脫離某個社會群體從事經營活動。良好的社會關係和業務網路既是檢驗你做人成功與否的標準，也是決定你事業成功和成就高低的關鍵。

麥科．馬克被美國的《體育畫報》稱為「體育界最有權勢的人。」麥科．馬克的成功來自於他能夠很好的運用人際關係。

麥科．馬克自威廉瑪麗學院和耶魯大學法學院畢業後，在一九六〇年代初，以不到五百美元的資金創立了一家公司，其開展的業務活動竟帶動並興起了一個新的行業，即「體育活動管理和市場業」。在這個全新的領域中，麥科勇於開拓，不斷創新，在市場的激烈競爭中，他所領導的小公司幾經風雨，擴大成為「國際管理顧問公司」，辦事處遍布全世界，每年的營業額高達兩億美元。麥科·馬克也以其成功，確立了他在體育界的聲望和地位。

麥科·馬克是一個很注重「人際關係」的經營專家。他堅信人的天性是不會隨著環境而改變的。在任何商務場合中，我們都能發覺到人們直接或間接表現出來的真實自我。即使一時看不出來，仔細揣摩人們話中的含意，也可以了解這個人的真實自我。因此，他非常強調「觀察他人」的重要性。

在業務聯繫上，麥科·馬克除了在電話裡把必須說的都說完之外，若遇上重要的事情，不但要仔細聽對方所說的話，而且要親自去看一看，這樣才能形成更深的印象。透過積極主動的去觀察他人，以把握對方偶然表露出來的真實自我。

麥科·馬克還善於在一些事情的結果和處境根本不合自己心意的場合中，對對方的處事方法留下印象，這些透過仔細觀察得來的印象，往往能使得這一些看起來不可能發生的事情最終能按照預料的所發生。

一九七五年，麥科·馬克的公司開始試圖去做艾芙特（當時世界職業網壇女子單打頂尖高手）的經紀人。但艾芙特是個獨立性很強的人，表示不需要任何經紀人。在與艾芙特的一系列接觸中，麥科馬克對她的性格、坦率作風、處理自己問題的方式都留下了深刻印象，麥科·馬克相信他和她之間的關係會相處得很好的，相信會有一天艾芙特會成為他們的客戶。五年後，麥科·馬克真的成了艾芙特的經紀人。

經商中，需要求助於人，事情往往涉及到很多方面，你需要很多方面的支援，不可能只從某一方面獲得。這時，你的關係網就會生效了。

美國人有這樣一句話：「若想了解金錢，就去了解那些擁有大量金錢的人吧。」與他們交際，你的所得會遠遠大於金錢本身。不要怕和他們接觸，他們的成功多是靠個人努力打拼出來的。基於個人的成就感，他們大多會樂意與你分享他們的成功經驗。這就給你產生了一種榜樣的力量。

一旦你建立起了自己的關係網路，就會發現辦事容易多了，它就如同在城市裡的交通網，如果你熟悉了，就可以在每個地點上來去自如。

合作加快致富的腳步

平時人們常說：人心齊，泰山移。這句話放在創業人的身上，是最合適不過的了。在現代社會，分工細化，競爭殘酷，單憑一個人的力量是根本無法取得事業上的任何成就的，只有借助眾人之力，才有可能創造輝煌的人生。而要獲得眾人的幫助，使之上下一心，攻克目標，那就必須學會經營好人際關係。

曾經風行一時的暢銷書《沒有風險的財富》的作者查理斯·吉文斯也曾說過：「如果你想知道金錢的祕訣，那就要向富有的人學習。」所以，許多人跟「成功」人士、賺錢「專家」、以及比他們更富有的人在一起。實際上，這些成功人士是很喜歡別人對他們的成功經歷感興趣的，他們大多也會很願意與他人分享他們的成功之道。既然如此，為什麼你不好好利用這樣的資源呢？

有這樣一句箴言：「多個朋友多條路，多個冤家多道牆。」這句話在世界上每個國家都有相同意思的版本。多交朋友，少樹立敵人，對每個人都是有意義的忠告。對於賺取財富這件事來說，人際關係的品質比其他任何因素都重要。處理好人際關係的重要性已得到公認，百萬富翁可能沒有很高的學歷，但絕不能沒有廣泛而良好的人際關係。滿腹經綸而不具備社交能力的人，就好像帶著一袋子黃金上街，卻沒有零錢來買食物一樣。

在當今這個充滿挑戰的時代，人們很容易陷入孤立的狀態。但是在今天複雜的社會中，沒有一個個人或組織能夠單獨完成所有的事情。成功的關鍵就是：個體、社區集團以及其他組織之間靈活的合作。

李學海是美國華商會主席、美國威特國際公司和柏威國際公司創始人，他在現代化倉儲管理和品牌服裝經營方面的成功已經獲得了美國主流商界的普遍認同。

李學海一九七〇年到香港發展，一九七六年到美國。當初，紐約的服裝業是猶太人統治的天下，李學海只能為猶太人做一些簡單的加工生意。但是，他卻一直都沒有放棄自己打造自主品牌的理想。

一九九〇年代初，美國國內產業結構調整，紐約猶太人擁有的服裝業基本已消失殆盡，為猶太人加工服裝的華人製衣廠因此陷入了困境。由於有自己的品牌，李學海的服裝生意越做越好。經過二十多年發展，李學海目前已擁有二十多個服裝品牌，許多服裝還成功的打入美國主流市場。

李學海是美國「倉儲銀行」概念的主要實踐者之一。所謂「倉儲銀行」，就是利用電腦和互聯網技術將倉儲、物流和批發業務結合在一起的一種新的貨物管理模式。一九九〇年代初，受經濟衰退影響，當時紐約附近的紐澤西地價大跌，李學海看準機會，購入了大量的倉儲設施，與當地的零售商之間合作，形成電腦聯網。「威特國際公司」倉儲業務由此開始。

很快，李學海的倉儲設施便遍及紐約、紐澤西、洛杉磯等美國東西海岸主要城市，面積超過三十萬平方公尺，每年處理世界五百多家大公司價值五十億美元的貨物。

李學海建立的網上物流ASP貨倉管理系統，為供需雙方提供了一個高效的電子商務平台，與美國百分之九十以上的零售商之間實現了電腦聯網。由於與銀行建立了牢固的業務關係，庫存商品都透過信用卡在網路支付，整個過程既準確又便捷。哪種貨品短缺，馬上可以透過電腦系統自動補足，對貨物的流動監控猶如銀行對貨幣流動的監控。

李學海在美國的事業是成功的，但他常說：「我的事業成功是大家的，公司做得好，不是我一個人的功勞，而是大家共同合作的結果。」

的確，兩個人甚至更多人結合在一起，可以發揮足夠的致勝力量。面對致富過程中的某一個問題，如果聚集整個團體，專注討論，互相啟發，靈感就會源源而來，就彷彿有外在的助力在推動一樣。

在長達三十年的發展歷程中，微軟公司已經給人們留下了這樣的印象：在市場上以大欺小、在法庭上爭強好鬥。但是從二〇〇二年開始，微軟在公眾的心目中，形象開始逐漸好轉。因為微軟已經逐漸認識到：只有合作，才能實現共贏。

現在的商業關係是既競爭又合作，不能純粹的講誰是誰的朋友，也不能簡單講誰是誰的敵人。只有善於合作才能在市場博弈中謀求到利益的最大化。聰明的蓋茲自然會領會到這點。

商場如戰場，而合作卻如久旱逢甘雨，能化干戈為玉帛。「強強聯合」建立業界「航母」已不再為人所陌生。信手拈來更有戴姆勒與賓士的天才合併，使昔日的冤家攜手闖天下，不僅抵擋了外來的壓力，也成為德國汽車工業的一方霸主，在世界汽車市場站穩了腳跟。同樣，波音與麥道的合併給王牌的空中巴士當頭一棒；中石化也以其「聯合航隊」殺出一條血路，躋身世界五百強。可見，合作對於企業如削金如泥的利刃！而對於個人，更是同樣可幫助你在致富過程中加速前進，減少盲目犧牲。

會溝通方能生財

國外有一位學者曾提出這樣兩個有趣的算式：5+5=10和5×5=25。這兩個算式的意思是：假設有這樣兩個人，他們的能力都是5，那麼，兩個人的能力加起來等於10。如果他們互不來往，或者雖有來往但沒有深入交流，那麼他們的能力都不會有任何提高，如同5+5=10。

如果他們交流資訊，相互合作，便可能因為互相「感應」而產生思想「共振」，使兩種思想重新組合而發揮出高於原來很多倍的效力，猶如5×5=25。

現代社會，相互合作顯得越來越重要。閉關自守、故步自封是沒有出路的。社會如此，個人也是如此。在日常生活中，我們經常有這樣的體會，同樣一件需要與別人商談的事情，不同的人去面談，結果大相徑庭。有的人不僅達不到5×5的效果，甚至連5+5都做不到。如果成了5-5，那就真應驗了那句古話：「成事不足，敗事有餘。」這不但不是做事到位的表現，更是浪費時間和精力。

不能學會很好的溝通，就無法明確的體會對方的思想，也就無法合作。古今中外的成功人士，都是善於溝通、靈活處世的高人。

美國沃爾瑪公司總裁薩姆．沃爾頓曾說過：「如果你必須將沃爾瑪管理體制濃縮成一種思想，那可能就是溝通。因為它是我們成功的真正關鍵之一。」

在致富過程中，如果你打算經營自己與周圍人的關係，為自己的事業注入潤滑劑，就必須要具備一定的社交能力和應變手段。在社交場合中，能夠順勢應變是非常可貴的。這就需要你具有靈敏的智商和從容鎮定的情商。

一個成功的富翁，總是善於與他人溝通，善於傾聽來自各方面的意見，如來自員工的、顧客的，或來自行家或好友的，以此來彌補自己的不足，使事業發展更為順利。

喬．吉拉德是被載入金氏世界紀錄的最偉大的推銷員之一，他曾經在一天之內賣出過六輛汽車，而這個記錄至今無人能破。但是在他初涉推銷領域時，卻因為不善溝通而損失了一筆大生意。

幾年前，喬從一個到他的車行來買車的顧客那裡學到一堂課，他花了近一個小時的時間才讓顧客下定決心買車。

當他們準備到喬的辦公室去簽約時，那位顧客開始向喬提起他的兒子。他十分自豪的說：「喬，我的兒子要去當醫生。」

「那太棒了，」喬說。一邊聽顧客說話一邊和他繼續往前走。

「喬，我的孩子很聰明吧？」他繼續說，「在他還是嬰兒時我就發現他相當聰明」。

「成績相當不錯吧？」喬說，仍然望著門外的人。

「在他們班上是最棒的，」顧客說。

「那他高中畢業後打算做什麼？」喬問道。

「我剛才不是告訴過你了嗎?喬，他在最好的大學學醫。」

「那太好了。」喬說。

突然的，顧客看著他，發覺到喬沒有重視他所講的話。

「嗯，喬」，他驀地說了一句，「我該走了」。就這樣，他沒有簽約便走了。

下班後，喬回到家思考一整天的工作，分析自己做成的生意和失去的生意，他開始想到了白天見到的那個人。

第二天上午，喬給那位顧客打電話說：「我是喬·吉拉德，我希望您能來一趟，我想我有一輛好車可以賣給您」。

「哦，世界上最偉大的推銷員先生」，那位顧客說，「我想讓你知道的是我已經從別人那買了車。是的，我從那個欣賞、讚美我的人那裡買的。因為當我提起我對我兒子吉米有多驕傲時，他是那麼認真的聽我說話。」

隨後他沉默了一會兒，又說：「喬，你並沒有聽我說話，對你來說我兒子吉米成不成醫生並不重要。好，現在我告訴你，你這個笨蛋，當別人跟你講他的事情時，你得好好聽著，而且必須全神貫注的聆聽。」

頓時，喬意識到自己犯了一個巨大的錯誤。

「先生，如果這是您不買我這裡的車的原因，的確是個理由，如果換做是我，我也會做和您同樣的選擇。您的兒子的確很出色，他一定會成為最棒的醫生。對不起先生，我希望您能給我一個贖罪的機會，可以嗎？」

「什麼機會，喬？」

「有一天，如果您能再來，我將會向您證明我會做一個忠實的聽眾。當然，經過昨天的事，您不再來也是無可厚非的。」

三年後，這位顧客又來了，喬賣給他一輛車。他不僅買了一輛車，而且也介紹了他許多的同事來買車。後來，喬還賣了一輛車給他的兒子，也就是吉米醫生。是他給了喬一個極好的教訓。從此以後，喬從未在顧客講話時分心。每個進入店裡的顧客，喬都要問問並關心他們，問他們是做什麼的，家裡人怎樣等等，並且認真傾聽他們的每一句話。從此喬的業績也越來越好了。

可見，在溝通的過程中，善於傾聽可以收到良好的效果，能幫助你獲得更多的致富良機。

同樣，在與人溝通時，交談也是必不可少的一部分。巧於溝通的人，在與人談話時，在關鍵的地方會說得很清楚、明確，尤其是在生意場上，關於貨物的單位、價格、交貨時間及地點等資訊，在談判簽約時都必須表達清楚，以免發生不必要的糾紛。表述清楚，既要讓別人明白你的意思，又可避免他人抓住你的漏洞。

在做生意時，我們不可能永遠都遇到通情達理的人。一旦遇到不好應付或故意找麻煩的人，溝通就會顯得尤為重要。此時，聰明的人是不會以硬碰硬的，更不要去做對方的敵人，而是運用良好的溝通能力，化干戈為玉帛。

有一個好衝動的推銷員名叫哈瑞。他原來是一個汽車司機，後來推銷卡車。他是一個很喜歡和人爭論的人。在推銷過程中，如果顧客說他的車子不好，他立刻會漲紅臉大聲強辯。

雖然他在口頭上贏了不少辯論，但是業績卻一塌糊塗。

後來，他開始自己找原因，為什麼自己的業績會這麼差？最後他發現，原來是他的愛強辯害了他。為了事業的成功，他開始訓練如何控制自己的行為，如何成為紐約懷德汽車公司的明星推銷員。

在他賺取了他人生的第一個一百萬後，他說：「如果我現在走進顧客的辦公室，而對方說：『什麼？懷德卡車？不好！你送我都不要，我要的是何賽的卡車。』我會說：『老兄，何賽的車的確不錯，買他的車絕對沒錯。何賽的車是優良公司的產品，業務員也呱呱叫』。這時顧客就不會和你繼續抬槓了。接著我們就不再談何賽，而開始介紹我的懷德卡車了。

「而在以前，如果我聽到那種話，我會很憤怒，我會和他爭論，挑何賽的錯。但是，我越批評別的車子不好，對方就越說它好，越辯論，對方就越喜歡我競爭對手的產品。

「現在回憶起來，真不知道過去是怎麼做推銷的，我在爭辯上花了不少時間。我現在控制情緒後不再爭辯，果然有效。」

班傑明．富蘭克林就曾經說過：「如果你總是爭辯、反駁，也許偶然能獲勝，但別忘了，那只是空洞的勝利，因為你永遠得不到對方的好感。」在碰到矛盾時，你要做的不是和對方爭個誰對誰錯，而是想辦法化解衝突，轉移矛盾，讓對方接受你的觀點。

記住，要讓你的反對者有說話的機會，讓他們把話說完，不要抗拒或爭辯，否則的話，只會增加彼此溝通的障礙。努力建立了解的橋梁，不要再加深誤解，這才是成功溝通的關鍵所在。

在創業致富過程中，你碰到的不會永遠是鮮花和笑臉，難免會有人對你不恭，甚至冷嘲熱諷，這時要遵循這樣一條規則：和氣才能生財！

廣泛結交，尋找人脈

一個人要想取得成功，就必須要有良好的人脈；要想培養良好的人脈，首先就要認識盡可能多的人，並讓別人認識他。沒有一個富翁是坐在家裡獨自打拼出一番事業的。生活中的每一次重大變化都會涉及其他人。如果想實現一個重大的目標，就要與許多人合作，廣泛結交朋友。人的生活方向經常會因為別人的一個評語、一個建議、一個行動而改變。人脈越好，認識的人越多，機會也越多。

美國一位成功的商人在創業之初急需一筆資金，但是他的手裡又沒有資金可以運用。於是，他開始打電話給銀行，告訴他們他的計畫。但是，所有的銀行都因為他太年輕而又沒有什麼可以用來擔保而拒絕了他的請求。

這個商人並沒有氣餒。他開始擴大求助的範圍，給更遠的銀行打電話。最後，一個距離他公司九十五英里的銀行對他的計畫有興趣，同意借錢給他。最終，經過幾年的奮鬥，他成為了美國最富有的人之一。

他的朋友曾經問他有沒有想過放棄自己的計畫。他說：「從來沒有！我知道只要我找的人足夠多，就一定能借到錢。我已經下定決心，為了尋找願意幫助我的人，必要的時候我可以給五百英里以外的銀行打電話。」

同樣，在你的創業之初，也可能會遇到缺乏資金的問題。而如果你的人際關係極為廣泛，你就會比較容易找到願意投資的人。

概率論告訴我們，嘗試不同種類的事情越多，在正確時間做出正確事情的可能性就越大，人脈同樣適用這個定理。認識的人越多，交際越廣泛，你在恰當時間遇上恰當的人的可能性就越大，而這個人恰好擁有你所需要的資源，並且願意提供給你，就會助你走向成功。這不是奇蹟，更與運氣無關。幾乎所有富翁的共通性之一是擅長交際。他們知道，自己認識和認識自己的人越多，他們在事業上的機會就越多，好運也越多。他們抓住一切機會與別人交際，擴大自己在生活中各個領域的人際關係網路。

有一位百萬富翁曾對他的朋友說：「我之所以能有今天的成就，單靠自己的力量是辦不到的，而是得力於我廣泛的人際關係。我的朋友三教九流都有，如文化界、教育界、學術界、商業界……真是應有盡有。」

馬來西亞最高學府萊佛士書院是個培養政界人物的著名學校，馬來西亞前總理拉紮克、總理侯賽因．奧恩、新加坡內閣資政李光耀都是該校的校友。身為亞洲十大富豪之一的郭鶴年也畢業於這所學校。

在學校時，郭鶴年非常善於交際，他結交了許多日後有所成就的同學。這些傑出的同學、同窗，在日後掌權後，都給了郭鶴年很大的便利和幫助。也有一些同學，成了他日後經營的好幫手。

一九五〇年代末，郭鶴年透過拉紮克等同學、朋友的關係得到了馬來西亞聯邦土地發展局的支援，在檳城的北賴創建了馬來西亞製糖廠，這是馬來西亞有史以來第一家糖廠。郭鶴年從泰國購入粗糖，在糖廠加工提煉後運銷各地，並透過香港的馬通有限公司銷往中國。同時，他又從古巴購入蔗糖，轉賣給印尼等東南亞國家。

經過幾年的苦心經營，郭鶴年的各方面事業都有了飛速發展，不僅糖廠規模得到了迅速擴大，獲利甚豐，郭鶴年也更熟悉了食糖的市場需求規律，進而將生意越做越大。一九六二年，他被譽為「馬來西亞糖王」。從此，郭鶴年的「甜蜜事業」更是蒸蒸日上，財源滾滾而來。

的確，成功的富翁很少單靠個人的能力，通常都得力於良好的人際關係，這種人際關係是一項很重要的資產和財富。雖然也有人認為：朋友並不見得多就是好，如果認識一些沒用的人以及酒肉朋友，即使再多也是沒有意義。所以，只要選擇一些較好的人做朋友即可。但實際並非如此，你又是如何知道哪些朋友較好呢？

因此，如果你想賺取你人生的第一個一百萬，那你就不要秉承這種人際關係觀了。不管哪種人，都有各自的優缺點，而且人生的際遇也不盡相同，或許你認為最沒價值的那個朋友，有一天卻會成為你的致富指導人呢！所以，不管是哪一種人，只要有機會都要交往，哪怕是點頭之交也可以。

社交備忘錄：

NO.1 社交是任何一個人獲得財富的重要途徑。

NO.2 營造商業、資訊等方面的關係，打通各個環節，你的財富將持續增長。

NO.3 合作是致富最快的捷徑。

NO.4 有效的溝通方式，善於傾聽他人的意見，善於表達，可以使你的事業蒸蒸日上。

NO.5 所謂「政商不分家」是有一定道理的。

本節測試：你是否具有出色的社交能力？

出色的社交能力，對你的事業成功有著決定性作用。良好的人際關係，不僅能使一個人和諧的融入團隊，為群體所接納，還可以是開展與他人合作，實現互惠互利的基礎。

你的社交能力如何呢？做做下面的小測試吧？

選擇「是」得1分，選擇「否」為0分

1. 你是否經常與自己並不十分喜歡的人打交道？
2. 你是否寧願去熱鬧、有些嘈雜的地方度假，也不願去安靜的地方待著？
3. 在旅行途中，你是否很容易就與別人成為朋友？
4. 在車上，你是否會主動與他人攀談？

是				
否				

5. 你喜歡舞會、迪斯可舞廳和人聲嘈雜的俱樂部嗎？
6. 你喜歡舉辦舞會或宴會嗎？
7. 在聚會時，你喜歡與別人一起玩遊戲嗎？
8. 當你和他人一起玩遊戲時，你只是參與，而不在乎是否獲勝，是這樣嗎？
9. 你喜歡和朋友一起出去玩嗎？
10. 如果在家裡，你喜歡熱熱鬧鬧的度過夜晚嗎？
11. 一旦有朋友突然來訪，你是否會很樂意的招待他們，並與他們打成一片？
12. 你能夠說出大多數鄰居的名字嗎？
13. 你是否很願意幫助他人？
14. 你喜歡與人而不是機器打交道，對嗎？
15. 你到餐館裡吃飯，如果服務小姐端上一盤你不喜歡吃的菜時，你是否會吃下它？
16. 你是否會給自己不喜歡的人寄賀年卡？
17. 你是否會被別人稱為聚會的「焦點」？
18. 你喜歡結識新朋友嗎？
19. 如果你走進一個房間，而屋內的人你幾乎都不認識，這時你是否依舊感到很自然？

20. 你是否願意透過電話的方式來代替寫信來與朋友聯絡嗎？
21. 你真心喜歡孩子們嗎？
22. 你很容易就可以和他人交朋友嗎？
23. 假如有一個你不太歡迎的客人突然來訪，你是否會裝作自己不在家而有意迴避？
24. 你的家裡不會因客人來訪而令你感覺到擁擠、活動空間變小對嗎？
25. 你不會十分在意別人對你的觀察是嗎？

評分方法：

選擇「是」得1分，選擇「否」為0分。然後將各個小題得分相加，即為總得分。

來看看你的測試結果吧！

16～25分

你的人際關係相當良好，在社會交往中也顯得成熟穩重。你喜愛和別人在一起，在人群中會感到很融洽、自然。

8～15分

你的社交能力不錯。你喜歡團體生活，但也愛獨處。過於嘈雜的聚會、過於孤單的情形，對你而言不如三兩個知己一起傾心相談的小聚時光更吸引你。

7分以下

你自認為是個愛離群的孤獨人士。也許書籍或者電視機是你打發時間、充實生活的不錯方式，因此，沒有高朋滿座你依舊會樂在其中。但是建議你，不妨做些改變，那會更能適應社會。

第六課 社交能力＆與人交往如魚得水

廣泛結交，尋找人脈

第七課　創新能力&不走別人走過的腳印

歷史的發展表明，哪一個民族和國家善於創新就發展迅速，就會日益強大；如果因循守舊，就會日趨衰落，在世界上就會處於被動挨打的地位。經商也是如此，如果你的企業不能開拓創新，那麼你遲早會被淘汰，這是一個極淺顯的道理，創新是生意能發展壯大的永恆動力。

創新就是生產力

有人認為，一般人經商做生意，無非就是生產或銷售先有的產品，至於開發新產品，「那是專家的事」。實際上，這種想法是十分錯誤的。要想在市場競爭中立於不敗之地，就應該時時考慮開發新的產品。這可不單純只是專家的事，而是每一個渴望致富者、每一個經商創業者都必須要考慮的事情。我們要成為富翁，具備創新能力是必不可少的。

石油大王洛克菲勒曾說過：「如果你想成功，就應該開闢出新路，而不是沿著過去成功的老路走……即使你們把我身上的衣服剝得精光，然後把我扔在撒哈拉沙漠的中心地帶，但只要有兩個條件——給我一點時間，並且讓一支商隊從我身邊經過，要不了多久，我同樣會成為一個億萬富翁。」這就是具有創新能力的結果。

在素有「時裝之都」美稱的巴黎，設計大師比比皆是，時裝潮流日新月異。當時服裝業的老大皮爾・卡登認為，在競爭激烈的環境之下，惟有求新，讓自己的產品獨樹一幟，才能讓自己的時裝長盛不衰。因此，大膽的設計和新穎的款式及色彩獨特的風格，使皮爾・卡登時裝無數次的走在時裝潮流的前列。

此外，他還特別善於從異國風情和文化中汲取創作靈感，豐富設計構思，推出適合當地人著裝習慣的、充滿異國情調的時裝款式，這些服裝深深吸引了一大批人。

一九五三年，皮爾・卡登改變了時裝經營的方式，把量體裁衣、個別訂做改成小批量生產成衣，並不斷的更新款式。小批量進軍市場的時裝，不僅不落俗套，還能產生較大的社會影響，這無異於是給他自己的設計品牌做廣告。不僅如此，皮爾．卡登還表明，只要是喜歡他作品的女士，都有可能穿上他設計的長裙。這使一大批愛美的、有個性的女士成了他的忠實顧客，而且也打破了服裝的階層局限，使有錢、沒錢的人都可以穿上自己想要的衣服。可以說，皮爾．卡登的做法是服裝業的一次革命。

皮爾．卡登從大學裡直接聘請時裝模特兒，使人們更了解他的服裝，這一招確保了他的成功。然而，他並沒有到此為止，正當他的成就得到同行們一致公認的時候，他卻預言高檔時裝正緩慢的走向衰退。因此他毅然的拋棄了服裝業的明星制，把大批成衣送到各大百貨商店去銷售。結果也證實了他的做法是正確的。

毫無疑問，皮爾．卡登是一位偉大的創新者。他非常大膽，不拘泥於傳統。他的服裝線條明快，富有青春感和時代感。他設計的傢俱、燈具和各種裝飾品，如大衣櫃、桌子、沙發、檯燈、鋼筆、餐具，無不造型新穎，光彩奪目。皮爾．卡登就是這樣，用他層出不窮的創意，獲得了偉大的成功。

某些行業尤其是和藝術設計相關的行業，不斷的創新是保持其生命力的重要源泉，因為新奇、迎合時代潮流永遠是人們追逐的審美標準。滿足人們的這一心理，根據時代潮流的發展趨向，設計出大眾喜愛的產品，那麼你首先就已經成功了一半。正如松下幸之助所言：「今後的世界，並不是以武力統治，而是以創意支配。」

無論什麼人，想要做活生意，尤其是贏得獨家生意，取得超人的成效，就必須要有自己獨特的產品。而開發獨特的產品，找到發展的契機，賺取豐厚的利潤，總是伴隨創新的頭腦而來的。

西元一八八一年的一天，美國紐約一家保險公司的代理人華特門先生，正高興的要與一位投保人簽訂一筆經過艱苦努力而爭取來的巨額保險業務合約時，手中羽毛筆上的墨水不慎滴到了合約上面。更不巧的是，他手邊的空白合約也全用完了。無奈的華特門，只好急忙跑到保險公司去拿。但是，當他汗流浹背、氣喘吁吁的取來空白合約時，這筆巨額生意卻被同行乘機以更優惠的條件搶去了。華特門既氣憤，又無奈，一氣之下從此不賣保險了，他發誓要研究一種永遠不會漏墨水的筆，讓其他推銷員不會重蹈覆轍。

經過數年的潛心研究和上百次的試驗，他終於成功了。他研製的筆是當時世界上最完美、保證永遠耐用、絕對不會漏墨水的鋼筆，他為自己的發明申請了專利，並改行製筆。他專門生產以自己的姓氏命名的筆，並於西元一八八三年成立了華特門鋼筆公司。

如今，華特門公司在世界上一百多個國家每年賣出超過一億美元的筆，它的系列款式由一百一十年前的一種擴大到現在的兩百多種，最貴的華特門筆售價兩千美元，最便宜的也在一百美元以上。

如果我們能仔細研究一下商業出現、發展和繁榮的歷史，就會發現，很多成功的企業，很多富豪，其經營的祕訣，無不都是推陳出新，以獨創的產品占領市場，賺取金錢。尤其是從二十世紀中後期以來，市場競爭激烈，開發獨特產品作為經營方法和競爭手段更是赫然在目。

發展的契機和豐厚的利潤總是伴隨創新的頭腦而來的，等待和守舊是不會賺到錢的，抱殘守缺更是絕路一條。正如美國企業家艾斯提斯所說的：「如果用相同的方式做一件事已達十五、二十年之久，光憑這個變幻莫測的時代，就可以斷言這方式一定錯了。」

有一個名叫約翰的美國人，一次到某空軍基地去參觀，這時恰巧有噴氣飛機升空，它的轟然巨響震得約翰頭暈眼花，雙耳發聵。而機場上的地勤人員卻好像無動於衷，他們能夠照常工作，轟然巨響好像對他們沒有絲毫干擾。一般的參觀者幾乎都認為這些地勤人員在機場工作時間久了，已經習慣了這樣的環境，但約翰卻不這樣想。

約翰是個喜歡尋根究底的人，經過打聽了解，他才知道那些地勤人員的耳朵中都塞上了一副「耳塞」。

原來如此。約翰心中的疑團剛一解開，馬上就靈機一動：如果把「耳塞」稍加改動一下，不就可以創造出一種學生用的「靜音耳塞」嗎？如果專門向機場附近的學生推銷，結果一定很受歡迎，學生也就因此不再受噪音困擾之苦了。

約翰馬上行動。後來，約翰又把它們向全美國的學校推銷，在各大城市設立了數千個代銷點。學生讀書、思考特別需要安靜，這樣「靜音耳塞」正好滿足了學生們的這種需要。約翰為它打出的廣告詞針對性強：「耳根清靜，讀書效率倍增。」引來購者如潮。這樣，約翰一舉便邁入了富翁的行列。

我們說要開發獨特的產品，並非是一定要有多大的發明或多大的創造才可以，實際上對於一些不被人注意的小產品，同樣能步入我們開發的行列。也就是說，不管是什麼產品，只要具有獨特性，具有商機，都值得你去開發。

商海無涯，商機無限，只要我們肯動腦筋，大膽創新，就能發現許多賺錢的項目，開發許多賺錢的產品，找到許多賺錢的途徑。創新就有如此神奇的力量，可以提高產品的競爭能力，增強企業的活力，為我們創造更多的財富。

創新使財富唾手可得

一味的跟在別人後面跑，這不僅是沒有出息的表現，更是無法賺到錢的。據報導，美國從一九九九年到二〇〇一年兩年間，新增百萬富翁大約有一百萬名，形成了一個數量龐大的新富人階層。而有趣的是，這些新的百萬富翁們的致富方式與老一代百萬富翁們大不一樣，他們致富主要靠創業成功。而他們創業很少來自傳統產業；他們賺錢很快，財富迅速升級，簡直就是「暴發戶」。但他們的致富方式卻顯得很輕鬆，好像不知不覺間就成了富翁。

他們的成功使人們明白了一個新的致富觀念，那就是創新才是致富的關鍵所在。

美國一家名為互動村的互聯網公司，一九九九年第一季度的收入為六百萬美元，而支出則高達兩千四百萬美元，支出是收入的四倍。但是，這家公司股票在三月分上市的頭一天，就被熱情的投資者將股價哄抬至百分之兩百三十三；到了五月中旬，該公司的市場價值達到十六億美元。

這簡直是一個奇蹟！當有人問及這個公司的董事長他們靠什麼能這麼快富有起來時，這位董事長說：「我認為我們的價值體現了投資者對我們積極進取精神的回報，因為他們願意接受在此關頭出現的虧損。我們以創新的精神為宗旨，迅速收購其他公司，並且獲得了市場占有率。」

由此可見，創新帶給我們的財富，絕非僅僅我們想像的那麼多，它甚至會遠遠超過我們的想像。

雅虎公司的股價在三年中幾乎上升了八十倍，市場價值狂飆至三百四十五億美元，而苦心經營數十年，排名全美五百大公司之一的聯信公司（Allied Signal）市場資本總值也不過三百四十七億美元；亞馬遜公司的股票在短短兩年內就上升了四十五倍，市場價值高達兩百三十億美元，而歷史悠久大名鼎鼎的美國製鋁公司市場資本總值也才剛好兩百三十億美元。

為什麼會出現這麼大的區別呢？主要就是因為像雅虎、亞馬遜這樣的公司，一直都在進行創新，始終以創新為企業發展的宗旨。

創新對企業經營的意義，就如同新鮮的空氣對於生命的意義一樣，因此，經營者應該不斷的在管理上、產品上、技術上、企業形象上進行創新，以確保企業力久不衰。

突破思維定勢

思維是人類最為本質的特徵，是人類一切活動的源頭，也是創新的源頭。有了創新思維才能開始創新活動，有了創新活動才能產生創新成果。一個人的思維能力總體處於發展、變化的趨勢中，但也會存在一種相對穩定的狀態，這種狀態是由一系列的思維定勢所構成的，由一系列思維定勢的品質所表現的。比如有一位員警到森林打獵，他在野獸經常出沒的地方隱蔽起來。忽然，一隻鹿跑了出來，這位員警立即跳過灌木叢，朝天開了一槍，大喊：「站住，我是員警！」這就是思維定勢。

我們發現問題、研究問題、解決問題，往往都是憑藉原有的思維定勢來進行的。人們認識未知、解決未知，都是以已知或已知的組合、變換為階梯。

只要我們注意一下一些新產品，都會發現，它們都透露著突破思維定式的智慧。比如在最初，清除灰塵只能使用除塵器，這種除塵器在吹塵時，揚起的灰塵幾乎嗆得人透不過氣。後來，有一位叫赫伯布斯的人發明了帶有過濾裝置的吸塵器，人們已克服了這項難題。

再如，開始我們用刀削鉛筆，動刀不動筆。但是，後來有人利用逆向思維，想動筆不動刀，於是就有了削鉛筆機等等。

成功的商人，總是善於突破思維的定式，搶奪商場上的「肥肉」，進而成就自己的事業，走向成功。

美國利惠．史特勞斯公司的創始人利惠．史特勞斯，原來是個德國青年。一九〇八年，他移居美國西部，當地的「尋金熱」使他也跟隨著挖金人湧進礦山。開始，他向礦工兜售布料、衣服等，但生意很一般。後來，他經過觀察發現，這裡的工人因為工作關係，所穿的褲子很容易壞，因此，他根據礦工的需求，先後用厚帆布、厚棉布試製成價廉、耐穿的褲子，結果銷路特別好。

不久，他又領悟出了其中的奧妙，便進一步投礦工所好，在褲袋、縫線、顏色等方面作了許多改進，逐漸形成一種獨具風格的褲子，也就是如今風靡全球的牛仔褲。

利惠．史特勞斯靠爆冷門創辦起公司，在一九四〇年代末公司的銷售額僅八百萬美元，至一九七〇年代，竟達二十億美元之多。

世界上有無窮無盡的事物和現象未被人類所認識和利用，一些事業成功者由於善於觀察和思考，很快便能掌握這些現象的規律及作用，並為其所用，進而為社會和自己帶來財富。不過這種思維並非簡單的一想就能得到了，而是要有一定的思維方法，尤其是要突破自己的思維定勢。拿破崙．希爾認為，在創富的過程中，積極尋求某種新的設想時，要有意識的拋開頭腦中已形成的思考同類問題的程式和模式，即思維定勢，要警惕和排除它對形成新的思路可能產生的束縛作用。比如：自古房子都是先蓋好再出售，而霍英東卻打破了這種思維定式，即先出售，後建築。霍英東的這一思考，成就了一個住宅樓宇建築大王、一個資產億萬的大富豪。

韓戰結束後，霍英東就預見到香港航運事業的繁榮，必然會帶來金融貿易的發展，而這又將促進商業及住宅的開發。於是，他先行一步，將經營重點轉向了房地產開發。

一九五四年十二月，霍英東拿出自己多年累積的一百二十萬港元，另向銀行貸款十六萬，在香港銅鑼灣買下了他的第一棟大廈，並創辦了「立信建築置業有限公司」。剛開始，他也效仿別人的經營方法，自己花錢買中古屋，拆了後改建成新公寓逐層出售。這樣當然可以穩妥的賺錢，並且可以少擔一些風險。但由於資金少，發展比較緩慢。於是他苦苦的思索該如何改革房地產經營的方法。

有一天，一個老鄰居到工地上找到霍英東，告訴他要買房子。霍英東抱歉的告訴他，蓋好的房子已經賣完了。鄰居指著工地上正在蓋的房子說：「就這一棟，你賣一層給我好不好？」霍英東靈機一動，說：「你能不能先付訂金？」鄰居笑著說：「行，我先付訂金，到蓋好後你把我指定的樓層給我，我就把錢交齊。」霍英東喜出望外的做成了一筆痛快的生意。

這個偶然的事件使霍英東立刻想到，他也完全可以用同樣的預售方法為自己累積資金，而且還能大力推動銷售！

由於房產的價格非常昂貴，要想買一棟樓，就得準備好幾十萬元的現金，一手交錢，一手接房，不拖也不欠。當時只有少數有錢人才能買得起房地產，所以房地產的經營一直不太興旺。現在霍英東採取的房產預售新辦法，只要先交付百分之十的訂金，就可以買到即將破土動工興建的新公寓。例如：要買一棟價值十萬港元的新公寓，只要預付一萬港元，就可以買到房屋的所有權，以後再分期付款。這對於房地產商人來說，好處良多：利用別人交付的現金，用原來只夠蓋一棟公寓的錢，現在就可以同時動手蓋十棟公寓，發展的速度大大加快。而對於購買房地產的人來說，也是求之不得的：付一小筆錢，就可以取得房產的所有權，等到公寓建成時，地價、房價還可能都已經上漲，而只要把房產轉手出售，就有可能大賺一筆！因此，很快就有一批人變成了專門買賣房屋所有權的投資客，這就是後來香港盛行的「炒樓花」。

霍英東將這個創新比喻為「房地產業的工業化」。這個創造性的作為使霍英東的房地產生意頓時熱門起來，他也當上了香港房地產建築商會會長，會內有會員三百名，擁有香港百分之七十的建築生意。

突破思維定式，可以有效的解決經營和管理上的各種難題。例如刮鬍刀歷來被看成是男士的專利，但美國吉列公司卻要把刮鬍刀推銷給女士。結果，他們還真取得了巨大的成功。

一九〇一年，吉列先生發明的世界上第一副安全刮鬍刀片和刀架，使男人刮鬍子變得方便、舒適、安全，因而大受歡迎。他所創建的吉列公司年銷售額也達到了二十億美元之多，成為當時著名的跨國公司。

的專用「刮鬍刀」。

然而，吉列公司的領導者並不滿足於當前的狀況。一九七〇年代末，吉列公司推出了面向婦女

這種舉動看似非常荒謬，實際上，這卻是建立在堅實可靠的基礎上的。在此之前，吉列公司進行了嚴謹的市場調查，發現，在美國有八千多萬三十歲以上的婦女中，有六千五百萬人為了保持美好形象，要定期刮除腿毛和腋毛。在這些婦女之中，排除使用電動刮鬍刀和脫毛劑外，有兩千三百多萬人主要靠購買各種男用刮鬍刀來處理去毛工作，她們一年在這上面的花費高達七千五百多萬美元。而相比之下，美國婦女一年花在眉筆和眼影上的錢僅有六千三百萬美元，染髮劑五千九百萬美元，染眉膏五千五百萬美元。毫無疑問，這是一個具有巨大潛力的市場。

根據調查結果，吉列公司精心設計了一種新產品，刀頭部分和男用刮鬍刀並無兩樣，同樣採用一次性使用的雙層刀片，而刀架則選用色彩鮮豔的塑膠，並將握柄改為弧形，以利於婦女使用，握柄上還印壓了一朵雛菊圖形。如此一來，新產品立即顯示出了女性的特點；為了使雛菊刮毛刀迅速占領市場，吉列公司還擬定了七種不同的「定位觀念」：突出刮毛刀性能的「雙刃刮毛」，突出其獨特性的「完全適合婦女的需求」，強調其價格「不到五十美分」，以及表明產品使用安全「不傷玉腿」等等。結果，雛菊刮毛刀一推向市場，馬上一炮而紅，為吉利公司創造了大量的利潤。

創新是致富的必經之路，而進行創新思考，必須警惕和擺脫思維定勢的束縛作用。無論是在創新思考的開始，還是在它的其他某個環節上，當我們的思考陷入了困境時，往往都有必要檢查一下是否被某種思維定勢捆住了手腳。

一個人的創新思考陷入了某種思維定勢大都是不自覺的；而跳出一種思維定勢，則常常都需要自覺的做出努力。

賺錢要有奇思妙想

俗話說，「一招鮮，吃遍天。」做生意要想成功，就必須要走與眾不同的路，開發別人尚未想到而顧客卻非常想要的東西。只有這樣，你才能淘到金子。

速食麵又稱泡麵，是一種我們非常熟悉且不可缺少的食品，它甚至已成為一種現代的生活方式。而發明速食麵的人安藤百福，最早是移居臺灣的新住民，卻以發明了速食麵為契機，成為日清食品公司的董事長，擁有百萬家財產。

在四十多年前，安藤百福開始了自己的創業歷程。他首先在大阪開了一家以加工銷售食品為主的公司，為使這個小公司能在激烈的市場競爭中生存下來，他每天從早忙到晚，拼命工作。可儘管如此，公司的業績仍然不盡如人意。這時他發現，光靠勤勞是不夠的，自己的公司要想生存久遠，必須要有新意才行。

每天下班後，安藤百福都要搭乘電車回到他居住的池田市。在車站附近，安藤經常看到許多人擠在餐廳前，等著吃熱拉麵。開始安藤對這種司空見慣的現象並未在意，突然有一天，安藤想到：既然麵條這麼受歡迎，我做麵條生意不是很好嗎？這應該是一個很值得挖掘的商機。

安藤想，日本人平時最愛吃拉麵，要是能發明一種只要用熱開水沖泡就可以立即享用，且本身帶有味道的麵條，一定會受到人們的歡迎。於是，他買了一台製麵機，開始研製這種設想中的新型食品。經過無數次的失敗和改進，安藤百福終於成功的發明了既好吃又方便的「速食麵」。

由於當時日本正處在經濟起飛時期，工人、青年、學生、白領階層都把時間用在工作、加班、苦讀、鑽研上。有了這種「速食麵」，在辦公室、自習室內就能解決饑餓問題。「開水一沖，等三分鐘」，就是一碗熱騰騰的快熟麵，連麵帶湯不用幾分鐘時間，便可便利果腹。於是，在日本就出現了一種人人吃速食麵的現象。白領、藍領、上學的學生，上班、上學時所帶的食品，大部分都是速食麵。

最後，連家庭主婦也開始歡迎這種產品了。因為這樣可以節省很多時間，家裡常備幾包速食麵，碰到緊急時刻，就能發揮作用。僅僅八個月的時間，公司便賣出了一千三百萬包速食麵，安藤也因此由一家小公司的經理，一躍而成為擁有大量資產的富商。

「新奇」的產品，加上低廉的價格，結果肯定是如虎添翼，安藤的成功就證實了這點。鑽研消費者的不同需求，根據消費者的需求特點，包括年齡、性別、職業等多方面的客群因素，推出不同種類、滿足各方需求甚至可以刺激新的需求的產品，將會獲得巨大的利潤。

異想天開帶來無窮財富

我們身邊總有一些喜歡幻想的人，他們對任何事情都喜歡提出一些看上去不合邏輯的奇思妙想。他們的想法常常被當作笑話傳播，然而，就在大家的笑聲中，他們卻獲得了成功。

在越戰期間，美國好萊塢曾經舉辦過一場募捐晚會，由於當時人們的反戰情緒比較強烈，募捐晚會以一美元的收穫而收場。在這次晚會上，一個叫卡塞爾的小夥子一舉成名，他是蘇富比拍賣行的拍賣師，這唯一的一美元就是他募得的。在晚會現場，他讓大家選出一位漂亮姑娘，然後由他來拍賣這位姑娘的吻，最後，他終於募到難得的一美元。當好萊塢把這一美元寄往越南前線的時候，美國的各家報紙都進行了報導。

當然，這無疑是對戰爭的嘲諷，大多數人也只是將它當做一個笑話而已。然而德國的獵頭公司卻發現了這位天才，他們認為卡塞爾是棵搖錢樹，誰能運用他的頭腦，必將財源滾滾。他們建議日漸衰落的德國奧格斯堡啤酒廠用重金聘請他為顧問。一九七二年，卡塞爾移民德國，受聘於奧格斯堡啤酒廠。在那裡，他果然有不斷的奇思妙想，他甚至開發出美容啤酒和沐浴用啤酒，這使奧格斯堡一夜之間成了全球銷量最大的啤酒廠。

而卡塞爾最引人注目的舉動是一九九〇年，他以德國政府顧問的身分主持拆除柏林圍牆。這一次，他讓柏林圍牆的每一塊磚都變成了收藏品，進入全世界兩百多萬個家庭和公司，創造了城牆售價的世界記錄。

因此，如果你的身邊有這樣經常有奇思妙想的人，千萬不要輕視和嘲笑他們，說不定哪一天，他的異想天開就會變成搖錢樹，讓我們所有的人目瞪口呆。而且，沒有本錢的人要想經商，最需要的就是創造性的奇思異想。只有這樣異乎尋常的作為，才會石破天驚，產生出無窮無盡的財富。

一九七四年，美國的吉姆和約翰兩兄弟經過研究，想出了一個在當時非常奇妙的點子，即在佛羅里達州的一個購物中心租一塊場地，並投資十萬美元，蓋了一個餐廳電影院：讓電影觀眾如同上酒吧的顧客一樣，坐在舒服的椅子上吃著三明治，喝著啤酒，悠然自得的看著電影。這家嶄新的電影院不是傳統的成排固定座椅，而是置放著寬綽的桌椅，並有穿著燕尾服的服務員為觀眾服務。電影院裡不存在過去電影院那種沉滯的氣氛，而是充滿了像在家中與親朋好友相聚的輕鬆自在的氣氛。

這種別出心裁的新型餐廳電影院一出現，就受到當地人們的大加稱讚，尤其是一些青年人，更是喜歡至極。蜂擁而至的人們毫不猶豫的將錢送給電影院。很快的，兄弟倆的第二家餐廳影院又開張了，依然受到好評，於是一發而不可收，兄弟倆陸續在全美推出了類似的影院二十一家。

進入這樣的餐廳影院只需要付兩美元的門票，這要比一般電影院的門票少三美元，而其中的奧妙就在於：利潤來自於食物和飲料。白天餐廳電影院不放映電影，就將電影院出租，供人們舉行會議、產品展示會，出租收入也很可觀。這種創新讓吉姆和約翰兄弟二人迅速成為當地的富翁。

做生意需要有好的構想和方法，這一點已經受到眾多商人的認同。而世界上像吉姆、約翰哥倆這樣具有奇思異想的人並不少見，比如在美國，甚至有人開始做起天上星星的買賣了。而這種無本生意，居然還真的賺了大錢！

美國史密森尼安天文物理研究所，在其出版的星象目錄中，刊出二十五萬顆星星，但都是用數位符號代替的，沒有正式命名。於是它們就以這個作為資本，成立了一家「星象命名公司」，專門經營出售星星生意。

做星星的生意該如何操作呢？關鍵的一條就是要充分利用傳播媒介，借助媒介來打開銷路。所以第一步，他們首先打出巨幅廣告：專售星星，全球無二。看板上的甜言蜜語當然也是非常誘惑人，比如：

——你想你的名字永垂宇宙嗎？請買星星！

——你想你愛人的芳名閃爍在星空嗎？請購買一顆星星！

——你想你的親朋好友的英名永駐人間嗎？請你從速購買一顆星星吧！

顧客只需花費二十五美元就能使自己的尊姓大名與永恆的星辰聯繫在一起，供世人傳說，與天地同壽，很多人都難以抵擋這種誘惑。

很快，這種星象命名生意一經打出，就立即引起一股搶購星星的熱潮。不到一年時間，二十五萬顆星星便全部名花有主了，共賣出了六百二十五萬美元，那可是非常可觀的一筆財富啊！

為什麼他們能有這種奇思妙想呢？

首先，他們具有相當敏銳的市場嗅覺，能夠抓住消費者求名留世的心理需要。星象命名公司之所以成功，就是由於他們抓住了顧客的消費心理，能夠巧妙的借助媒介，將原本一錢不值的東西變成商品，並巧妙的銷售出去，真正做到了空穴來風、無中生有。

其次，他們具有超越常規的思維方式，能策劃出出售星星這樣獨特的創意。星象命名公司之所以能成功的策劃這種無本生意，就在於他們具有不受常規習俗約束的思維方式，能夠別出心裁，獨闢蹊徑，出賣天象，靠天發財。

對於想透過經商賺錢的人來說，創造性的思維是相當重要的。只有透過創造性思維，透過標新立異的創意、設想、構思，才能做出富有創造性的作為來。

就連天上的星星都可以賣，還有什麼我們不可以賣的呢？如果你具備創意性思維方式，那麼即使你目前身無一文，同樣可能有朝一日躍入巨富行列之中，與他們齊肩而立，甚至超過他們。

逆向思維創造奇蹟

在創業的路上，很多人常常會有滿腹的抱負，滿腦子的計畫，以及許多認為需要發展的策略，如果能突破常規思維的樊籬，有意識運用與傳統思維和習慣背道而馳的逆向思維方法，「反彈琵琶」往往「曲徑通幽」，取得意想不到的效果。

在美國，百分之四十的婦女因太胖而有個「特大號」的臀部。她們為此常常憂心忡忡，從來不敢穿褲襪，認為褲襪能使身材苗條的女性更美麗，而卻使身材肥胖的婦女顯得更加臃腫。

美國的許多廠商，也都認為這些肥胖的婦女不會穿褲襪，也不會買褲襪，這個市場沒有商機，所以長期以來都沒有人去開發這個市場。

而美國雪菲德公司卻透過市場調查資料分析，得出了一個與眾不同的意見，認為正是由於這些胖女人目前不敢穿褲襪，這塊市場才有開發的潛力。他們認為放棄這百分之四十的市場實在可惜，於是決定抓住這個不為其他商家所看好的領域，開闢新的銷售市場。

於是，公司開始集中最優秀的設計人員，專門為肥胖婦女設計出一種名為「大媽媽」型的褲襪。緊接著，該公司又為「大媽媽」型褲襪做了大量廣告。在廣告中，三位胖嘟嘟的女娃娃穿上公司設計的褲襪排成一線，標題上寫著「大媽媽，你真漂亮」幾個大字。三位胖女孩面帶微笑，挺胸昂頭，

逆向思維創造奇蹟

從側面看不僅沒有肥胖的感覺，而且讓人覺得他們快樂而自信。

廣告發布一個月內，雪菲德公司就收到了七千多封讚譽信，而且那些肥胖的婦女都爭先恐後的來購買這種褲襪，公司賺取了大量利潤。

雪菲德正是依據市場調查資料，從肥胖婦女不敢穿褲襪的現實中，逆向思考，尋找潛在商機，進而奠定了該公司在褲襪市場的新地位。

在商場競爭中，經營同一種產品的商人越多，那麼與經營者競爭的對手就越多，經營者就很難超越他們。如果能反向思考，在市場中尋找空白之地，開發商機，相信一定可以淘到金子。

從最終目標出發倒回來進行逆向思維，就能獲得前進的路線圖。你一生中的大部分成就受制於形形色色的人，取決於他們的決定。他們就是你成功途上的守衛，在放行前必須對你的計畫、產品、思想及求職的要求，乃至你的長相和性格說一聲「通過」。

逆向思維就是要鼓動那些站在你和目標之間的守衛。他們沿途攔截，每一位都有權決定放不放你走入計畫的下一階段。

逆向思維首先要確定或設定一個可以達到的目標，然後從目標倒過來往回想，直至你現在所處的位置，弄清楚一路上要跨越哪些關口或障礙、是誰把守著這些關口。

記著把這一切都記下來。寫出計畫是整個過程中重要的一環。你這時所做的就是在畫一幅從目的的倒著回到出發點的路線圖。前進途中想讓守衛同意通過，必須找出促使守衛開門放行的原因。最佳辦法是直接去問，徵求守衛的建議和看法，也可向經常與守衛打交道的人諮詢。

一九六〇年代中期，當時在福特一個分公司任副總經理的艾科卡正在尋求方法，改善公司業績。他認定，達到該目的的靈丹妙藥在於推出一款設計大膽、能引起大眾廣泛興趣的新型小汽車。

在確定了最終決定成敗的人就是顧客之後，他便開始繪製策略藍圖。以下是艾科卡如何從顧客著手，反向推回到設計一種新車的步驟：

顧客買車的唯一途徑是試車。要讓潛在顧客試車，就必須把車放進汽車經銷商的展車室中。吸引交易商的辦法是對新車進行大規模、富有吸引力的商業推廣，使經銷商本人對新車型熱情高漲。說得實際點，他必須在行銷活動開始前做好小汽車，送進經銷商的展車室。

為達到這項目的，他需要得到公司市場行銷和生產部門百分之百的支持。同時，他也意識到生產汽車模型所需的廠商、人力、設備及原材料都得由公司的高級行政人員來決定。艾科卡一個不漏的確定了為達到目標必須徵求同意的人員名單後，就將整個過程倒過來，從頭向前推進。

幾個月後，艾科卡的新型車，野馬從流水線上生產出來了，並在一九六〇年代風行一時。它的成功也使艾科卡在福特公司一躍成為整個小汽車和卡車集團的副總裁。

逆向思維是一種與常人思維取向相反的思維形態，如人棄我取，人進我退，人動我靜等等，這種與常人相反的思維取向，表面看似乎不合情理，但最終卻往往出乎人們的意料，取得意想不到的結果。一位裁縫在吸菸時不小心將一條高級裙子燒了一個窟窿，致使其成為廢品。這位裁縫為了挽回損失，憑藉其高超的技藝，在裙子四周剪了許多窟窿，並精心飾以金邊，然後，將其取名為「鳳尾裙」。不但賣了個好價錢，還一傳十、十傳百，使不少女士上門求購，其生意十分熱門。該裁縫這種思維方式就是逆向思維。

缺陷與市場，從尋常眼光看，確實存在著難以逾越的鴻溝，但是尺有所短，寸有所長，商品本身存在著某些方面的不足，對於一定的市場而言，也許的確是缺陷，是不容許的，但從另一角度看，又未嘗不是潛在的市場呢？「運用之妙，存乎一心」。只要善於尋找兩者的最佳結合點，就可以創造出市場，開闢出新天地。市場經濟的實踐告訴人們，唯思路常新才有出路。墨守成規、邯鄲學步，亦步亦趨的經營思維方式在今天已難以取得商戰的勝利了。成功的喜悅總是屬於那些不落俗套、富於創意，勇於實踐的人們。裙子與窟窿，對於大多數裁縫來說，肯定會棄之一邊或削價處理，但對於運用逆向思維的經營者來說卻能點石成金。

總而言之，人們在生產經營過程中碰到困難在所難免，而一旦碰到困難就不要死鑽牛角尖，不妨換個角度試試，說不定會「山窮水盡疑無路，柳暗花明又一村」。

向傳統銷售方式挑戰

在創業過程中，創新是不可或缺的。一個不斷尋求差異化的商人，總能不斷的從成功走向成功；而一個因循守舊、缺乏創新思想的商人，必然最終陷入窘境甚至退出市場。

因此，商人應該時時具備同中求異的精神，必須能常常帶給大家新觀念、新刺激，否則自己的事業就難以進步和發展。

當然，同中求異也不是淺薄的隨意決定，而是在追求理想的過程中，從深刻的思考、困苦和實踐裡得到一些充滿創意的想法。事實將證明，在相同中找到不同對一個商人來說是多麼的重要。

一九六〇年，伊夫．洛列開始生產美容品，到了一九八五年，他已經擁有九百六十家分號，生意幾乎遍布全世界。

伊夫．洛列生意紅火，財源茂盛，摘取了美容品和護膚品的桂冠。他的企業是惟一使法國最大的化妝品公司「勞雷阿爾」惶惶不可終日的競爭對手。伊夫．洛列是悄無聲息的取得這一成就的。在其發展階段幾乎未曾引起競爭者的警覺。

一九五八年，伊夫．洛列從一位女醫師那裡獲得了一種專治痔瘡的特效藥膏祕方。他對這個祕方產生了濃厚的興趣。於是，他根據這個藥方，研製出一種植物香脂，並開始挨家挨戶的推銷。一次，伊夫．洛列突然靈機一動：為什麼不在《這裡是巴黎》雜誌上刊登一則商品廣告呢？如果在廣告上附上郵購優惠單，也許能有效的促銷產品呢！

他的這一大膽嘗試獲得了意想不到的成功，當他的朋友還在為他的巨額廣告投資擔心不已時，他的產品卻已經在巴黎暢銷起來了，原以為會「肉包子打狗」的廣告費用與其獲得的利潤相比起來簡直是輕如鴻毛。

當時，人們認為用植物和花卉製造的美容品毫無前途，幾乎沒有人願意在這方面投入資金，而洛列卻反其道而行之，對此產生了一種奇特的狂熱。

一九六〇年，伊夫．洛列開始小批量生產美容霜，他那獨創的郵購銷售方式，又給他帶來了巨大成功。在極短的時間內，洛列嘗試了各種銷售方式，順利的推銷了七十多萬瓶美容品。

向傳統銷售方式挑戰

如果說用植物製造美容品是洛列的一種嘗試，那麼，採取郵購的銷售方式，則是他的一項創舉。時至今日，郵購商品已不足為奇了，但在當時，這卻是人們聞所未聞的。

一九六九年，洛列創辦了第一家工廠，並在巴黎的奧斯曼大道開設了第一家商店，開始大量生產和銷售美容品，而且他打破了銷售學的一切常規，採用郵售化妝品的方式。公司收到郵購單後，幾天之內即把商品郵給買主，同時贈送一件禮品和一封建議信，並附帶製造商和藹可親的笑容。郵購幾乎占了洛列全部營業額的百分之五十。

洛列公司很善於透過郵售建立與顧客的固定聯繫，該公司每年收到八千餘萬封函件，這些信件簡直和私人信件沒什麼兩樣。附著照片和親筆簽名，信中敘友情、表信任，寫得親切感人。當然，公司的建議信往往寫得十分中肯。信中總是反覆的告訴訂購者：美容霜並非萬能，有節奏的生活是最佳的化妝品。而不像其他商品廣告那樣，把自己的產品說得天花亂墜，功效無與倫比。

一九八五年，公司的銷售額和利潤增長了百分之三十，營業額超過了二十五億，國外的銷售額超過了法國境內的銷售額。

經過辛勤的勞動和艱苦的思考，伊夫·洛列找到了走向成功的突破口和契機。如今，伊夫·洛列已擁有四百餘種美容系列產品和八百萬忠實的女顧客。

我們不能否認，一些傳統的銷售方式可以創造利潤，但是，如果你打算長期讓自己的產品立於不敗之地，傳統的銷售方式是無法滿足顧客的。只有時刻思索創新，突破傳統銷售模式，才能創造豐厚的利潤。

創新備忘錄：

NO.1 自己的企業和產品能夠與眾不同，便有了致富的契機。

NO.2 創新是累積財富的「活力」。

NO.3 創新方法很多，只要善於突破傳統的思維定勢，就可以擦出創造的火花。

NO.4 許多事情從反面入手，往往會找到更好的方法。

NO.5 奇思妙想和異想天開常常會帶來意外的財富。

NO.6 創新的根本，在於使你的靈感市場化，進而創造財富。

本節測試：你的創新能力是否很強？

美國心理學家尤金·勞德塞根據幾年來對善於思考、富有創造力的男女科學家、工程師、企業家的個性和品質的研究，設計了一套簡單的創新能力測試題。一起來做個測試吧，看看自己的創新能力如何？

選擇「是」得1分，選擇「否」為0分

1.我不做盲目的事，遇到任何事，我總能用正確的步驟來解決每一個具體問題。

2.我認為，只提出問題而不想獲得答案，根本就是在浪費時間。

3.無論什麼事情，要我產生興趣，總是要比別人困難。

是			
否			

4. 我認為，合乎邏輯的、循序漸進的方法，就是解決問題的最好方法。
5. 有時，我在小組裡發表的意見，似乎使一些人感到厭煩。
6. 我花費大量時間來考慮別人是如何看待我的。
7. 我認為做自以為是正確的事情，比力求博得別人的贊同要重要得多。
8. 我不尊重那些做事沒什麼把握的人。
9. 我需要的刺激和興趣比別人多。
10. 我知道如何在考驗面前保持自己的內心鎮靜。
11. 我有耐心解決很困難的問題。
12. 有時我對事情過於熱心。
13. 在無事可做時，我常常會想出很多好主意。
14. 在解決問題時，我常常單憑直覺來判斷「正確」或「錯誤」。
15. 在解決問題時，我分析問題的速度很快，而綜合所收集的資料較慢。
16. 有時我打破常規去做我原來並未想到要做的事。
17. 幻想促進了我許多重要計畫的提出。
18. 我對「這可能是什麼」比「這是什麼」更感興趣。
19. 我喜歡和客觀而有理性的人打交道。

20. 如果要我在本職工作之外的兩種職業中選擇一種，我寧願當一個實際工作者，而不當探索者。

21. 我喜歡堅信自己結論的人。

22. 我認為，靈感與獲得成功有關。

23. 爭論時，使我感到最高興的是，原來與我觀點不一致的人站到我這邊。

24. 我更大的興趣在於提出新的建議，而不在於設法說服別人接受這些建議。

25. 我樂意獨自一人整天冥思苦想。

26. 我往往避免做那種使我感到低階的工作。

27. 我不喜歡一門心思苦幹的人。

28. 一個人的自尊，比得到別人的敬慕更重要。

29. 我覺得那些力求完美的人是不明智的。

30. 我寧願和大家一起努力工作，也不願意單獨工作。

31. 我喜歡那種對別人產生影響的工作。

32. 在生活中，我經常碰到不能用「正確」或「錯誤」來加以判斷的問題。

33. 對我來說，各得其所、各在其位，是很重要的。

34. 那些使用古怪和不常用的詞語的作家，純粹是為了炫耀自己。

35. 想入非非的人是不切實際的。

36. 我對「我不知道的事」比「我知道的事」印象更深刻。

記分方式：

每道試題答「是」得2分，答「不是」記0分。

3，20，34，35答「是」得0分，答「不是」得2分。

我們來分析一下結果吧！

62～72分

你的創新能力非凡，是一個具有創新能力的人。

47～61分

你的創新能力很強，好好發展，會成為一個相當具有創新能力的人。

32～46分

你的創新能力較強。

16～31分

你的創新能力一般，需要提高。

5～15分

你的創新能力比較弱。

0～5分

你幾乎就沒有任何創新能力。

第八課 應變能力&每一次變局都是一個機會

在經商過程中，形勢的變化相當複雜。這就需要你不斷的對形勢進行深入細緻的分析，作出正確的判斷，並採取相應的經營策略和手段來適應形勢的變化。只有具備這樣超凡的應變能力，你才可能在市場中占有一席之地，獲得成功。

善於應變創大業

有人說，經商就像打仗一樣，為了正確戰略上的勝利，戰術上必須要靈活應用。這句話很有道理。在瞬息萬變的商場中，要獲得生存，創造財富，就必須時刻以不變應萬變，以敏銳的觸角把握市場，適應時世，成就大業。

在十九世紀以前，人類歷史上曾經爆發過很多次「熱潮」，其中有些甚至是令人不可思議的，像最早的「煉金熱」和十七世紀的「鬱金香熱」等。跟這些熱潮相比，發生在十九世紀的熱潮多少能讓人多些理解，像十九世紀中葉在加利福尼亞發生的「淘金熱」，以及十九世紀下半葉在南非的「鑽石熱」。「鑽石熱」還使奧本海默家族成為南非甚至是整個非洲最富有的家族。今天我們看到的南非首富尼基·奧本海默，就是由那次熱潮開始的第三代子孫，在二〇〇五《富比士》全球富豪排行榜上，尼基·奧本海默以六十億美元的資產，名列第七十二位。

雖然奧本海默家族的戴比爾斯的壟斷策略一直為人所譴責，但事實上，它從一家小的礦業公司最終發展成為全球鑽石的壟斷者，經歷了數次艱難險阻，關鍵時刻都能化險為夷，靠的正是奧本海默家族那種獨特的經營策略及善於應變的能力。

戴比爾斯之所以能長盛不衰，與他的一些善於應變的成功策略不無相關，廣告便是其中的重要一點。戴比爾斯是最早與專業廣告公司合作的跨國公司之一，早在一九五一年，當時的智威湯遜芝加哥公司便開始為戴比爾斯塑造形象，「鑽石恆久遠，一顆永流傳」便是那時創作的經典之作。

時下，戴比爾斯一個知名的系列廣告稱：「都是鑽石惹的禍。」在這部充滿浪漫氣味的廣告片裡，一位年輕女子正在試戴鑽石項鍊，不料鑽石的閃亮竟吸引了路過的一男子。男子完全被光芒鎮住，不由自主的循著光芒走去，卻一頭撞上了鑽石店透明的玻璃。戴比爾斯的廣告意境很美，創意也甚獨到，言下之意是：鑽石讓人迷惑，會讓人忘記一切，男子撞上玻璃並不是他的錯，而是鑽石惹的禍。廣告傳遞的是鑽石最美麗的一面，但事實上，「鑽石惹的禍」還不止這些，常常與鮮血和淚水相連在一起。

天然的鑽石原產於超過兩百公里深的地下，它們的形成年代通常為二十四億到三十二億年以前，也有的是在六千萬年前。但不管多少時間，鑽石都是極其稀有的。根據比利時安特衛普鑽石高級委員會所述，要將兩百五十噸的岩石、沙和礫石處理之後才可能得到一克拉的鑽石。所以，閃亮的鑽石常常成為人們搶奪的對象。

二〇〇〇年十一月，戴比爾斯在英國倫敦的千禧年廣場舉行了一次盛大的鑽石展覽會。但是展出不久，就有盜匪開始打展品的主意。盜匪們在夜裡用挖土機撞開了展覽中心的大門，在現場保全人員的制止下最終計畫失敗了。後來戴比爾斯的領導評價這次盜竊活動時說：「這次盜竊簡直就像一場公開的鬧劇，如果這些貪心的人每半年就這樣鬧一次，那麼公司就能省掉大筆宣傳費了。」

戴比爾斯說的一點也沒錯，幾乎壟斷了世界鑽石行業的他們早已家喻戶曉，甚至不需要廣告便能揚名天下。

成功的機會對任何人都是均等的，關鍵在於你是否能發現機會，適應環境的變化。一個大的機會往往可能是從一頓飯、一句話等小事中產生，只有善於發現機會的人，才能把握機會。

許多成功者都是善於抓住和創造機會的高手，他們總是在努力，總是在奮鬥，絕對不放棄生命中的任何一次機會，即使形勢彷彿已經對自己不利，即使在這一過程中產生了這樣或那樣的錯誤，他們總能從「不利」中發現「有利」，從「錯誤」中找出「正確」。從沒有機會的地方挖掘出機會。

在變化中求發展

無論你打算經營何種行業，都可能遇到許多意外的情況，此時隨機應變就成為非常重要的能力。

「風煙不瞰中原盡，形勢遙從萬里來。」要做到駕馭市場，隨機應變，還必須細心分析構成市場發展趨勢各要素的「來去」，即要知變。要善於觀察市場的行情，從社會需求中尋找出路，在不斷變化的市場環境中尋求發展。

李曉華在商界叱吒風雲二十年，被稱為商界長青樹，是中國第一個擁有法拉利跑車的人，也是第一個同時榮獲聯合國頒發的「科學與和平獎」及「和平使者獎」兩個獎項的中國人。燦爛的星空中有一顆小行星在閃耀，它被命名為「李曉華」星。他是第九屆全國政協委員。二〇〇〇年美國《富比士》中國大陸百位富豪排名第十一位，總資產兩億五千萬美元。之後他拒絕參與任何財富排名，目前他的資產不透明，但他旗下的幾家海外企業效益卓著，年利潤高達上億美元。

李曉華的成功，就在於他能夠隨機應變，在變化中把握住每一次發展的機遇。

有一次，他到廣州進貨。當時正值T恤衫、變色眼鏡賣得火熱，雖然利潤豐厚，但李曉華並未為之所動，而是瞄準了一台美國進口的冷飲機。當他把冷飲機運回北京時，幾乎一貧如洗了。

沒有多久，就進入夏天了。李曉華把這台冷飲機運到北戴河海濱。

他向當地人介紹說：「這是美國製造的噴泉式冷凍果汁機」。

有人問道：「這有什麼用處啊？」

李曉華解釋說：「把水和原料放在這裡面就會製出清爽冰涼的果汁」。

對方不解的說：「真的嗎？我從來沒聽說過」。

「這是新玩意，在中國是第一台。如果你們同意，你們出場地和人員、辦營業執照，我出設備，賺錢各拿一半」。

對方覺得有理，又見李曉華很實在，便同意了。於是，這家臨時的冷飲「合資公司」開張了。來北戴河避暑的人們，游完泳、玩累了，看到這個清爽冰涼的大玻璃罐，都被吸引住了，冒汗排起了隊。五角錢的飲料一杯接一杯，那種清涼甘甜直沁心脾。這成了北戴河海灘浴場的一大景觀。這個夏天他淨賺了十幾萬元。

到了秋天，冷飲機「休息」了，李曉華就開始思索其他的賺錢方法了。敏銳的李曉華覺得，物質生活的改善必然喚醒人們對精神生活的追求。渴望著多姿多彩的文化娛樂，這正給商務活動提供了一個極好的機會。於是，他利用手上這筆累積的資金做起了一項以前從未有人涉足的新買賣——購買了大螢幕投影機，在秦皇島做起了放錄影的生意。據說當年河北省僅此一家錄影廳。人們擠破腦袋也要進去看一看。一元一張門票，有時被炒到十元……

生意做得十分順手，李曉華的過人才智在有意無意中得到了充分展示，這時他已經是赫赫有名的百萬富翁了。

一九八四年，當中國的眾多人正在爭當「萬元戶」時，李曉華已經是一位擁有上百萬元的「大戶」了。

此後，李曉華又在日本賣商品、投資香港房地產、投資馬來西亞土地等。二〇〇二年起，他又到美國做起了生物製品。

在李曉華看來，他的商業遊戲規則就是「急流勇退」，只有這樣，才能保持自己的資本，才能發現新的機會。

一個商人的智商水準越高，應變能力越強，處理類似事物的經驗就越豐富，或者他在這件事情上花費的思考時間越長，那麼，他對在經商中這件事物處理的正確程度也就越高。

就智商水準而言，雖然有人說是天生的，但是，有科學實驗證明，透過後天的不懈努力和鍛鍊，人的智商是可以進一步提高的。當然，經驗也是創業成功的一方面，經驗雖然和一個人的年齡以及經歷密切相關，但是，透過大量的閱讀和主動的學習，可以彌補一個人在經驗上的不足。

從表面上看，思考時間似乎和隨機應變能力是相互衝突的。但是，如果我們能變換一種思考方法，就可以使思考時間成為隨機應變能力的有益補充。即一個人要勤於思考、善於思考，事先對事物的變化進行準確預測，然後再多花一些時間想出各種應付方法，並權衡其利弊，這樣，在事件突然發生時就可以較為自如的進行處理和應付了。

學會轉換思維

有很多看起來很難解決的問題，其實往往並不是難在問題本身，而是難在不容易突破自我。換個角度，轉換思維方式，就能發現新思路，拿出新作為，各種難題也會迎刃而解。

在一九二二年初，日本的電器配線器具已經具有相當高的水準了，尤其是開關插座的研究幾乎達到了極限。因此具有敏銳視角的松下幸之助覺得做電器已經沒有太大的前途了，他決定另闢蹊徑。

松下幸之助曾經在自行車行做過，經營電器工廠後，松下幸之助也會常常騎車外出辦事。每當他出門遇到天黑時，就點起玻璃罩的蠟燭燈。這種燈稍一顛簸就會熄滅，風大了更會熄滅，所以用起來非常不方便。於是松下幸之助就想在自行車照明燈上做點「改變」。

當時有三種自行車照明燈：一種是蠟燭燈，亮度不夠，且極易熄滅，但因為便宜，所以很多人都在使用；另一種是進口的瓦斯燈，亮度好，但價格非常高；還有一種是電池燈，它跟瓦斯燈一樣不受氣候影響，亮度適中，但電池的壽命僅能夠維持兩三個小時，這成了它的致命弱點。

松下幸之助想：如果電池燈的壽命能夠延長十倍的話，電池燈就一定能成為暢銷產品。

此後，松下幸之助把主要精力放在研製新型電池燈上，他對舊有的電池燈做了許多改良，外型採用炮彈型，聚光的亮度高；電池採用探照式手電筒用的大電池，可以持久照明三十～五十個小時。

一九二三年上半年，松下幸之助終於解決了優質乾電池和木製外殼的訂制工作，六月分製作出了預想的車燈，準備推向市場了。

然而問題出現了，商店的老闆都認為他的燈沒有市場，因此不願意經銷。松下幸之助再一次仔細的檢驗了自己的產品，但卻根本挑不出什麼毛病。但松下幸之助轉念一想，電器批發商不要，那我就找自行車批發商，因為車燈是車的零件，他們應該考慮進貨的。然而，自行車批發商也不肯接受他的產品。

松下幸之助開始尋找這種結果的根本原因。最後他得出這樣一個結論：之所以沒有商店願意接受，是因為他們沒有認識到這種燈的優點。既然批發商不願意冒風險，就乾脆讓用戶來判斷好了。於是松下幸之助改經銷為寄銷，並告訴零售商，一定要把數個車燈中的一個打開開關，看它能持續發光多久。

松下幸之助每天都要聆聽外勤員工的彙報。最初的反應是：「因為是免費的，所以店家還是接受了。」漸漸的，反應越來越良好、熱烈。有的人說：「真是太好了，我到上一次寄售的店去，老闆說：『你們的車燈真是名符其實，比說明書上說的使用時間還要長，這樣的電池燈我是第一次見到。另外兩個燈，已賣給我的老顧客了，這是貨款，以後你們可以再送貨來！』我一聽樂了，謝天謝地，我們的努力總算沒有白費。」還有的說：「試燈的結果，每家零售店都十分滿意，剩下的燈，很快就被眼見為實的顧客買去了。有的顧客還埋怨店家說這麼好的東西你們怎麼不多進幾個。老闆，這可是大成功呀！以前聽說零售店代銷付款很拖拖拉拉，可是看今天的情形，錢很好收。」

就這樣，一個月之間，批發到零售店的五千個電池燈，除少量的用於現場展示以外，絕大部分都被顧客買去了。零售店表現得很積極，主動把貨款交給業務員，並懇求業務員下次多帶幾個燈來代銷。兩三個月後，零售店因電池燈庫存不足，已等不及業務員上門，主動打電話或親自跑上門訂購。

廠商直接與批發商打交道，這是一般的途徑。松下幸之助在最初銷售的時候，也是按照這條傳統的途徑去謀求出路的，然而卻沒有任何成果，於是他轉變了念頭，改向最末端的銷售機構——零售商，結果奇蹟般的開拓了新型車燈的市場通路。

和豐田汽車的合作，是松下轉換思維的又一次體現。

豐田汽車的收音機等音響配件，一直以來都是由松下電器公司提供的。在兩家企業的合作中，由於需求方的總體降價要求，相應的也就要求配件降低價格。這種情形，對需求方來說，是有計畫的作為，而供應方則處於被動的地位。這時，雙方就可能在價格上發生矛盾，松下電器與豐田汽車的合作也發生了這樣的事情。

一次，松下幸之助到公司的通信企業去視察，正碰上雙方為此事而開會研究。當時豐田要求降低百分之五，並且在今後的半年內陸續再降低百分之十五。豐田公司認為，如果不在配件上降價，就無法與國外的汽車競爭。而松下則認為：當時才只有百分之五左右的利潤，這已與松下公司百分之十利潤率的要求不吻合了，如果半年後再降價百分之十五，簡直是賠本賣了。這種對立，表面看起來是無法解決的，如此互相堅持，爭執不下，那就只有一拍兩散了。但就此中止合作已久的業務關係，顯然又不是最佳之舉。

松下幸之助思考了一會，認識到了降價的合理性。豐田汽車是為了在市場競爭中不輸給國外公司，要求降價合情合理，而且具有保護民族工業的正義感在內。松下電器無論從市場的角度還是從國家的角度來說，都應該回應豐田的降價要求。

但是，松下電器也不能做賠本生意。於是，松下幸之助決定重新設計產品，使產品在品質和價格上都能達到豐田的要求，而又大大降低成本，進而保證松下電器能保持適當的利潤。

松下幸之助的建議馬上得到大家的回應，於是他們從設計開始，一個個環節認真檢查，徹底改進了製作過程。一年多以後，他們終於生產出了既適合降價要求又能保證獲利的產品，進而又一次與豐田繼續合作。

作為一個商人，要想創業成功，就需要靈活應變，變不利為有利，切忌鑽進死胡同而不能自拔。無論什麼問題都會有其解決的辦法，多思多想，多轉換一下思路，你就會離成功越來越近。

及時把握經營方向

所謂商場如戰場，在戰場上，一個將帥要有出色的預見性和主宰戰局的能力，在商場上也是如此。誰抓準了商機，誰就能在商場競爭中處於優勢地位。這不僅需要具有審時度勢的眼光，還需要有雷厲風行的作風，準確及時的把握市場方向，正確經營。

美國西雅圖一個名叫威廉．波音的人和他的朋友威斯特．維爾特，創辦了一家水上飛機工廠──「太平洋航空公司」，當時這家公司規模很小，只有二十一名員工。公司在成立的第二年，就製造出了第一架飛機，並將公司更名為「波音公司」。從那以後，波音公司就憑藉其不斷推出的新產品，牢牢的占領了世界飛機市場，成為全美最大的民航飛機製造公司。

波音公司主要生產民用和軍用飛機、直升飛機、導彈、航太裝備，並提供零件和維修服務等。幾十年來，波音公司在世界航空航太業中一直處於領先地位。波音公司成功的祕密，就在於能夠不斷推出新產品，牢牢掌握市場需求的新動向。

早在一九三〇年代，波音公司就因率先推出民航機「飛剪號」而名震全球。在第二次世界大戰中，為配合盟軍打敗法西斯，公司又搶先推出B-17、B-29等大型轟炸機。由於這兩種飛機威力強大，故而人們把B-17型稱為「空中堡壘」，B-29型稱為「超級空中堡壘」。這批威力極強的飛機的加入，使盟軍的力量大增，為戰勝德、義、日做出了重大貢獻。

「二戰」結束後，美國軍方取消了尚未交貨的全部訂單，使整個美國飛機製造業陷入了癱瘓狀態。波音公司也由此陷入困境。

波音公司的領導層經過反思認為，出現這樣的狀況，表面看是軍方取消了軍用飛機的訂貨，但公司自身也有不可推卸的責任，即過度依賴軍方的訂單，產品過於單一，沒有及時考慮到有一天戰爭停止了，該向什麼方向發展的問題。

找到了問題的癥結，就需要及時調整經營方向。一方面波音公司繼續與軍方保持密切聯繫，隨時了解軍用飛機發展的趨勢、軍方的需求，以便能及時滿足軍方需要。另一方面，考慮到軍方暫時不會有新的訂貨，完全可以抽出主要人力、財力，開發民用商業飛機。

戰後經濟的復甦刺激了市場對民用飛機的需求，世界各地的飛機生產廠商爭相採用新技術，快速推出新產品。在激烈的競爭中，一九五四年七月十五日，波音公司的第一架也是全美第一架噴氣式客機——「波音 707」飛上了藍天。而在此時，其他公司的噴氣式客機有的還在廠房裡裝配，有的還在風洞裡試驗，有的甚至還停留在圖紙作業階段。

「波音 707」一經問世，便引起世界的關注，訂單如同雪片般飛來。自此，波音公司走出了單一生產軍用飛機的峽谷，衝出了「死亡飛行」「金蟬脫殼」之計，顯示出了其誘人的威力。直至今日，波音公司在航空工業領域依然是當之無愧的霸主。

波音公司在面對困難時，使用「保存其形」之術，擺脫了困境，同時也給競爭對手造成一種假象，使其不疑，但其真正的目的卻是透過集中人、財、物力，開發新產品，及時調整經營方向，適應市場需求，最終獲得了成功。

以退為進巧生財

有一年，在比利時某畫廊發生了這樣一件事：

一位美國畫商看中了印度人帶來的三幅畫，標價為兩百五十美元，但畫商不願出此價錢，於是雙方唇槍舌劍，誰也不肯讓步，談判進入了僵局。

這時那位印度人生氣了，怒氣衝衝的當著美國人的面把其中一幅畫燒了。美國人看到這麼好的畫燒了，當然感到十分可惜。他問印度人剩下的兩幅畫願賣多少錢，回答還是 250 美元。美國畫商見對方毫不鬆口，又拒絕了這個價格，這位印度人把心一橫，又燒掉了其中一幅畫。美國畫商只好乞求他千萬別再燒這最後一幅畫。當他再次詢問這位印度人願賣多少錢時，賣家說道：「最後一幅畫能與三幅畫是一樣的價錢嗎？」結果，這位印度人手中的最後一幅畫竟以六百美元的價格拍板成交。

當時，其他畫的價格都在一百美元到一百五十美元之間，而印度人這幅畫卻能賣得如此之高，原因何在？

首先，他燒掉兩幅畫以吸引那位美國人，便是採用了「以退為進」的策略，因為他「有恃無恐」，他知道自己出售的三幅畫都是出自名家之手。燒掉了兩幅，剩下了最後一幅畫，正是「物以稀為貴」。而且這位印度人還了解到這個美國人有個習慣，就是喜歡收藏古董名畫，只要他愛上這幅畫，是不肯輕易放棄的，寧可出高價也要收買珍藏。聰明的印度人施展這招果然很靈，一筆成功的生意唾手而得。

在商談中，賣方很想出售自己的商品，而買方則會提出種種藉口，以圖達到最高利益，此時，以退為進的策略便會大奏奇效。

當然，要想成功的「以退為進」，是必須要有一定的後盾的，需要把握好分寸。「不打無準備的仗」，心中沒有十分的把握而輕易讓步，難免弄巧成拙。如果那位印度人不了解美國人喜愛古董的習慣，不能肯定他一定會買下那最後一幅畫而去燒掉前兩幅，如果最後美國人沒有買那幅畫，印度人可就是「賠了夫人又折兵」，後悔莫及。

你退一步，按照你所掌握的對方的心理，對方願意採取令你滿意的行動，你的「以退為進」才能達到如期的目的。

創業過程中，我們肯定會遇到各種各樣棘手的問題，雙方都不想做出讓步，結果只會使局面陷入僵局。此時，聰明的商人會找個適當的時機退一步，以退為進，讓對方佩服你的應變能力。

香港的房地產大王李嘉誠，就是透過充分發揮以退為進的應變能力，在爭奪英資銀行控股權的鬥爭中，靈活的改變作戰目標，沉著的從險境脫身，最後獲得了巨大的成功。

一九七二年，李嘉誠成立了長江實業（集團））公司。從此，他便一面繼續經營塑膠業，一面累積房地產業的經驗，一步步向房地產業的頂峰攀登。隨著長江實業規模越來越大，業務範圍日趨多元化，李嘉誠已不滿足於在華資圈子裡打轉，他開始打英資企業的主意了。

當時的香港，滙豐、怡和、和記黃埔、太古和會德豐等五大洋行都由英資財團控制著，這五大洋行歷史悠久，實力雄厚，並享有種種特權。此時的長江實業（集團）有限公司雖然已經崛起，但與五大洋行相比，可以說是小巫見大巫。華人無人敢打這幾家實力雄厚的英資企業集團的主意。但是，李嘉誠卻決心與英商一見高低。

自涉足香港房地產業以來，李嘉誠幾乎將港九的每一塊地皮、每一棟房屋都思量過，對每個上市公司的股市行情也作了透徹的分析。憑藉他特有的「挖牆角」絕技，他掌握了一項絕密情報：英國在香港最大的英資怡和洋行，雖然是九龍倉有限股份公司的大股東，但實際上它占的股份還不到百分之二十，簡直少得不成比例，這說明怡和在九龍倉的基礎很薄弱。

在得到這個消息後，李嘉誠立即決定分散購進九龍股票，他從一九七八年起就悄悄的分散戶名，買進了九龍百分之十八的股份，由於李嘉誠大量買入股票，使九龍股票的價值由十港元上升至三十餘港元，這引起了怡和洋行的警覺。李嘉誠的偷襲戰因而轉入陣地戰。當時李嘉誠的實力還很薄弱，還無法與怡和洋行直接抗衡。兩軍對壘，硬拼實難取勝。此時，李嘉誠若不改初衷，繼續買股，怡和洋行必然會高價回收九龍股票，李嘉誠將必敗無疑。但若直接撤退，他將會敗得更快。

在這種情況下，李嘉誠決定改變作戰目標，金蟬脫殼，以退為進。他首先尋找一個能代替自己與怡和作戰的人，將全部股票高價賣給他，讓這個實力更強的人與怡和作戰，這樣不僅可以避免失敗，還可以從中大賺一筆。

一九七九年九月的一天，李嘉誠與船王包玉剛進行了一次短暫而又神祕的會晤。雖然僅有二十分鐘，卻決定了價值二十億美元的九龍倉公司脫離英資怡和洋行的控制。李嘉誠先將手中的二十萬股九龍倉股票全部轉賣給包玉剛，而包玉剛則幫助李嘉誠從滙豐銀行中承購英資「和記黃埔」股票九千萬股。倆人皆大歡喜，擊掌定盤。李嘉誠知難而退，退中獲利五千九百萬港元，既賣了人情又富了自己；而包玉剛則借李嘉誠的情報資訊和卓越的判斷力，將實現自己多年來入主九龍倉的宿願。而且不費吹灰之力就一舉得到百分之十八的九龍倉股票。

然後，李嘉誠馬上又開闢另一戰場。當時在港的頭號英資是怡和洋行，第三號英資是和記洋行。李嘉誠的實力雖不及怡和，但打敗和記卻完全有可能。包玉剛將手頭的九千萬萬股和記黃埔股份偷偷轉手賣給李嘉誠，使李嘉誠如虎添翼。一九七〇年九月二十五日，李嘉誠正式出任「和黃」董事局董事。之後，李嘉誠繼續收購「和黃」股票，當擁有「和黃」百分之四十的股份數量時，「和黃」董事局主席交椅便非他莫屬了。

就這樣，「和記」這家香港英資古老洋行，透過李嘉誠的「戲法」，被「變」成了五大洋行中歸入華人財團旗下的第一家。

戰場上，逃兵的潰退是放棄，而智者的撤退則是戰略轉移。作為商界上的高手，有時需要做出必要的犧牲，然後再揮師猛進。退一步，是為進兩步。跳高，也需要退後一段距離，然後加速前跑，這才跳得高。你要出拳，得先將拳收回再出手，這才有力。以退為進不僅是高明的處世哲學，更是成功的經商策略。

隨機應變，不拘一格

在一般情況下，創業必須要經過深思熟慮，多謀善斷，勇於決斷。然而我們知道，市場的情況是複雜多變的，有些市場機會稍縱即逝，容不得你仔細思考，反覆研究，而必須隨機應變，當機立斷。行動就是力量，一萬個空洞的說教，也不如一個實際的行動，所以要賺錢，就一定要學會在打拼過程中隨機應變，不受環境和事件的約束，取長補短，贏得成功。

比如在一九七三年，世界爆發石油危機時，日本企業界就隨機應變，當機立斷的研製生產出了節油性能好的新型汽車，很快打入了各地市場。而有些國家，卻仍然在生產耗油量大的汽車，結果逐漸被市場淘汰。

在致富過程中，聰明的商人會敢想敢做。當然，敢想敢做並非要你盲目的去做，而是需要審時度勢，權衡利弊。只有經過周密的思考，確信可以經營成功，就要勇敢的去實施你的計畫。

美國人圖德拉原來在加拉斯有一家玻璃製造公司，但是作為自學成才的工程師，他渴望能做石油生意。他從一個商業朋友那裡得知，阿根廷即將在市場上購買兩千萬美元的丁烷氣體，於是他就去調查，想簽到這份合約。

當圖德拉到達阿根廷時，發現自己的競爭對手都非常強大：英國石油公司和殼牌石油公司。在他摸清楚一些情況後，他還發現了另外一件事，那就是阿根廷的牛肉供應過剩，該國正想不顧一切的賣掉牛肉。

單憑知道這個事實，圖拉德就占有了一個「優勢」，可以與其他兩大石油公司進行抗衡。他告訴阿根廷政府，如果政府願意向他賣兩千萬美元的丁烷，他就願意買阿根廷兩千萬美元的牛肉。阿根廷政府覺得這樣很划算，就將合約給了圖拉德。

得到合約後，圖德拉馬上飛往西班牙，那裡有一家主要的造船廠正因缺少訂貨而瀕臨關閉，這是西班牙政府面臨的一個政治上棘手而又特別敏感的問題。

圖德拉告訴西班牙政府，如果他們願意買他兩千萬美元的牛肉，他就在他們的造船廠定購一艘價值兩千萬美元的超級郵輪。西班牙人欣喜若狂，馬上透過他們的大使傳遞給阿根廷，要求將圖德拉的兩千萬美元的牛肉直接運往西班牙。

圖德拉離開西班牙後，直奔費城的太陽石油公司，對他們說，如果他們租用他在西班牙建造的兩千萬美元的超級油輪，他就向他們購買兩千萬美元的丁烷氣體。太陽石油公司同意了圖德拉的條件。

圖德拉就是這樣，隨機應變，以他的智慧和計策使各方都接受他的條件，實現了他進入瓦斯和石油業的願望。

隨機應變應是一個成功的商人必備的素質能力。面對諸如經營環境的突然惡化、經營環節的突然中斷、談判桌前刁鑽的問題等突發的危機、意外的事故，你必須具有出色的應變能力，在極短的時間內想出應對之策。如若面對複雜多變的環境，你能應付自如，遊刃有餘，有可能化險為夷，甚至變壞事為好事，變被動為主動，成為走向成功的契機，達到最佳效果，反之則走向平庸，甚至失敗。

應變備忘錄：

NO.1　市場形式、市場行情都是不斷變化的，經商致富也應隨之變化，不能「在一棵樹上吊死。」

NO.2　要成為富翁，就必須做到知變、善變、會變，在變化中求得發展和成功。

NO.3　走不通的路，要及時調整方向，也許可以發現新的商機。

NO.4　偶爾變換一下思維方式，可以提高應變能力，自如的處理突發事件。

NO.5　有捨才有得，不論何種改變，要能夠以退為進，抓住機會。

本節測試：你的應變能力強嗎？

你可利用下面的小測驗對自己的應變能力做一個大致的估計，並根據需要實行相應的補救措施。

請快速閱讀下面的陳述，並根據自己的第一感覺給出自己的實際情況與每句話的符合程度。

符合程度用數字來表示：「1」表示符合；「2」表示不清楚；「3」表示不符合。

1. 每次離開家到一個新的地方，我總是會鬧點毛病，如失眠、拉肚子、皮膚過敏等。
2. 每次開會輪到我發言時，我似乎比別人更鎮定，發言也顯得很自然。
3. 冬天我比別人更怕冷，夏天我比別人更怕熱。
4. 在嘈雜、混亂的環境中，我仍能集中精力學習、工作，效率並不大幅度降低。
5. 每次檢查身體，醫生都說我「心跳過速」，其實我平時脈搏很正常。
6. 如果需要的話，我可熬一個通宵，第二天仍然精力充沛的學習或工作。
7. 我覺得一個人做事比大家一起幹效率高，所以我更願意一個人做事。
8. 為求得和睦相處，我有時放棄自己的意見，附和大家。

符合								
不清楚								
不符合								

9.和別人爭吵起來時，我常常啞口無言，事後才想起該怎樣反駁對方，可是已經晚了。

10.無論情況多麼緊迫，我都能注意到該注意的細節，不會丟三落四。

記分標準：

結果評訂單數題正向記分（即1＝1，2＝2，3＝3）；雙數題反向記分（即1=3，2＝2，3=1）。

來看看測試結果：

24～30分

你的應變能力很強。世界千變萬化而你卻能遊刃有餘，你常常能將生活中的壓力化之於無形；你心情愉快，這種精神品質有利於你的心理平衡與健康。你是個生命力極強的人。

17～23分

你的應變能力一般。事物的變化及刺激不會使你失魂落魄，一般情形你都能做出相應的適度反應，可是如果事件比較重大、變化比較突兀，那麼你的應變期就要延長。

10～16分

你的應變能力較差。你對世界的變化、生活中的磨擦很不習慣，如此磨損你會過早斷裂的。不過只要意識到了，還是有希望改善此種狀況的。對環境的不適應可以分為生理不適應與心理不適應，對於生理不適應，可以暫時給自己一些優待，例如：到異地出差水土不服時，可以設法改善住宿條件，飲食盡量選用一些包裝食品；對於心理不適應，一個比較簡單而有效的方法就是進行心理暗示。

第九課 規劃能力 & 未來永遠在自己的心中

隨機應變，不拘一格

第九課　規劃能力＆未來永遠在自己的心中

規劃能力是目前很多企業和商人所欠缺的，然而企業的競爭往往是規模化的整體資源的競爭，從以前有形資源的競爭轉化為現在和將來無形資源的競爭。因此，在競爭進入白熱化的今天，缺乏掌握全盤的規劃能力，是很難成為有錢人的，甚至總有一天會淡出繁華。

夢想是財富的起點

我們創造的每一件事物，從最簡單的一把椅子，到一架複雜的飛機，都是由思想與心中的企圖心結合而創造的。也就是說，如果你的心中存有夢想，並且為你的希望去奮鬥，你就能獲得財富，成就夢想。

我們都希望自己能事業有成，實現夢想。但是，要累積財富成就夢想，你要牢記，那些統領世上的風雲人物，都是統馭無形力量的能手，他們善於讓未成形的機會現身，並能夠抓住它們，有效運用，將這些動力轉化成摩天大樓、工廠、汽車，以及種種使生活更加便利的新鮮事物。

如果你打算從現在開始就著手賺取你的第一筆財富，還要記住，在這瞬息萬變的世界裡，你必須具備披荊斬棘的拓荒精神。歷史上的拓荒者，都是賦予文明精神的夢想家，為了發展自己的天賦潛力，並且以之生財，他們常常都以繼往開來的偉大精神，追求及實現自己的夢想。

日本的豐臣秀吉在走上創業之路以前，曾經請人給自己看過手相。那人告訴豐臣秀吉說：「你的手相不太好，不能成功。」豐臣秀吉聽了非常生氣，拿出刀就把自己的手掌劃了幾刀，然後說：「這樣會怎麼樣呢？」

可能沒有幾個人有這樣的勇氣，用刀將自己的「命運線」改掉。但豐臣秀吉卻做到了，這充分體現了他少年時代懷有的巨大野心。

豐臣秀吉是一個童僕出身，最後卻獲得了當時「日本天下第一男人」的稱號。不管是在今川氏的家臣松下氏那裡工作，還是換到信長那裡替信長提草鞋，他的身分都相當卑微，但他始終追尋著自己的夢想，兢兢業業的做好每一件事，從接觸到的人那裡學習一切可學到的知識與技能，最後成就了自己的偉大事業。

拿破崙．希爾曾這樣說：「我們要用強烈的成功意念去磁化我們的大腦。這種磁化過程，可以幫助我們吸引周圍更多的人和物，並用這種強大的助力去完成大業。」

當你開始想著成為富翁的時候，你就應該察覺到，財富實際開始於一種思想狀態。一個好的夢想，要有明確的目的，再加上少量或根本不需要繁重的勞動。簡單的說，一切成就，一切財富，卻始於一個夢想。

美國成功學的奠基人拿破崙．希爾說：「夢想就是實物。當你有了固定的目標，以不移的毅力和熾熱的願望去追求財富時，你的夢想就是轉化為物質。」

下面就來看一下汽車大王亨利．福特是怎樣實現自己夢想的。

當汽車大王亨利．福特決心製造他那著名的V8型汽車時，他要求工程師在一個引擎上鑄造八個完整的汽缸。工程師幾乎目瞪口呆：「這是不可能的事啊！」

「儘管大膽去做。」福特命令他說，「不管花多長時間，你們都要完成這個任務。」

工程師們都不願意失業，只好照著老闆的命令去做。

六個月後，計畫一無進展。所有的雇員，心裡只有一個想法：「這是一件不可能的事。」所以，到了年底，福特核查計畫的進展時，工程師們都老老實實的告訴他，的確無法完成這計畫。

「只顧往前去做，」福特不慍不火的說，「我就是需要這種車子，我一定要得到它。」工程師開始做更進一步的研究。這樣又過了一段時間，忽然，他們好像被一股神祕的力量「擊中」，終於找到了製造這種V8型汽車的關鍵竅門。

這是福特一生許許多多「不可能完成的計畫」中的一個成功例子。在今天看來，究竟是什麼令V8型汽車「從無到有」？又是什麼令「不可能」的計畫「奇蹟」般的成為可能？是亨利．福特意念的力量！

世上無難事，只怕有心人！成功和財富是產生在那些有了成功和財富意識的人身上。失敗根源於那些不自覺的讓自己產生失敗意識的人身上。不窮不富，一日三餐，稍有存款，時有欠債，的確是「大部分人」的「正常」生活，卻永遠無法實現你致富的夢想。

發現真實的自我

富翁們在成就自己夢想的道路上，都不是一帆風順的，而他們之所以能在不利於自己的條件下仍能勇往直前的向成功衝擊，就是由於他們始終都能認清自己的能力。因此，如果你也打算步入富翁的行列，你首先就必須要發現自己的能力。

想成為富翁，就不能缺乏發現自己的能力，也就是缺乏對自己的審察、懷疑、反省、懺悔的能力，缺乏深入探究事情本質的能力。如果缺乏這些能力，人便會被自己蒙蔽，白白的虛耗和損害自己的生命，讓自己虛度終生。

蘇格拉底說：「認識你自己，才能認識這個世界。」的確，你若想要成功，想躋身於富翁行列，首先你就需要對自己有一個正確的認識，只有這樣，你才能選擇對自己最有利的行業入行，揚長避短，以最快的速度走進財富之門。

格蘭．透納是窮人的子弟。他曾經說明別人推銷產品，但沒有成功。後來，他向別人借了五千美元，利用他的如簧之舌，在短短三年之內就把那五千美元變成了一億多美元。

格蘭．透納在他三十六歲時，就已經成為美國的一個奇蹟。他只受完初中三年級的教育，而且他還是兔唇，說話不方便。但是，他的優勢之處就在於他能夠在不斷嘗試中「發現自己的能力。」

一九六七年，格蘭．透納借了五千美元後，先開了一家化妝品公司。他覺得這是最賺錢的一個行業，於是在佛羅里達州的奧蘭多市租了一間小辦公室，並將他的公司取名為「柯西柯星際公司」。

由於透納採取的生意手段是非正統的，而且是出奇的非正統，使得有二十個州的檢察官都在調查他，有幾個州還正式在法院起訴了他。但最後透納還是建立了一個覆蓋全美的商業王國，威力橫跨四個州、九個國家，產品從直升飛機到唱片、假髮。他的公司至少包括三十七個分公司，員工多達二十萬。但根據透納自己的估計，他的身價在一億美元至兩億美元之間。

透納每個星期都要發表二十多場演說，不是推銷他的產品，就是推銷他的哲學。當會場主持人將透納介紹出來的時候，他從來不是走上台去，而是跑步奔上去，有時甚至兩隻腳踏在兩張拼合椅上，演講起來也是前仰後擺，整個會場的氣氛非常熱烈。他從不說枯燥無味的道德經，也不說統計數字，只說一些似乎很有道理的話，如：「手裡沒有抱著球跑的人，沒有人會去絆倒他的。」「在成功的梯子上爬的時候，唯一的困難就是從最底下的人群當中擠出來。」「二〇〇一年裡，五百位新的百萬富翁裡，有百分之五十二是沒有念完高中的。我在一九六七年開始賺錢而且賺了很多錢，那是因為我知道我的機會來了。」

透納說：「我將錢當做一種工具，大家都崇拜金錢和權力，所以你必須先得到它們。假如你也和窮人一樣，你又有什麼能力去幫助他們呢？我所推銷給大家的是一種致富的方法，而不是致富本身。如果有人願意聽我的，並願意照我所說的去做，那麼，他的態度就會轉變，他的生活也會隨著改變，他就可能會奮發起來，最後成為億萬富翁，或者完成一項偉大的任務。」

發現自己，既是一種能力和智慧，又是一種高貴的人格境界，更是認識自我，發揮潛能的能力。

從現在開始，你要相信，自己一定可以成為富翁，因為我們每個人的潛能都是無窮無盡的，能發揮多少，就要看我們對自我是如何看待的了。如果你認為自己是一個有能力、有才華的人，那麼你就該發揮出符合你這樣認定的一切天賦；同樣的道理，不論你認為自己是個沒用的人，還是個風雲人物，這都會馬上影響你對自己潛能的開發。

明確的目標是致富的必需品

卡耐基基金會曾組織科學家對世界上一萬個不同種族、年齡和性別的人，進行了一次關於人生目標的調查。調查結果發現，這些人中只有百分之三的人有明確的奮鬥目標，而且清楚自己該如何將目標落實；另外百分之九十七的人，要麼沒有目標，要麼目標不確定，要麼有目標卻不知道如何實現。

十年之後，卡耐基基金會又對上述對象進行了一次調查，結果令人非常吃驚：調查樣本總量的百分之五找不到了，百分之九十五的人還在；屬於原來那百分之九十七範圍內的人，除了年齡增長十歲以外，在生活、工作、個人成就上，幾乎都沒有太大的起色，依然過著普通和平庸的生活。而那原來與眾不同的百分之三，卻在各自的領域裡都取得了相當的成功。他們十年前提出的目標，也都不同程度的逐漸實現，並正按著原定的人生目標繼續走下去。

人生是這樣的，經商也不例外。要想成為一名頂級商人，成為一名富翁，就一定要及早確立明確的目標。只有具備明確的目標，並為之努力，才有可能成就事業，獲得財富。從一個卑微的雜貨員成長為「天下第一商」的朝鮮鉅賈林尚沃，年少時就在父親的教導下確立了做一名「天下第一商」的目標。

林尚沃的父親林風庫每次帶他前往中國做生意，經過「天下第一關」時，都會指著橫匾上的字對他說：「你看，那裡寫著什麼？『天下第一關』！意思是天下第一門戶。我已無數次隨著出使的隊伍去中國，每次見到山海關橫匾上寫著的字我都要發誓，我一定要做一名像『天下第一關』那樣的『天下第一商』，但我已經沒希望了。孩子，你一定要像這塊橫匾上寫的『天下第一關』一樣，做一個『天下第一商』。」

遺憾的是，林風庫是一個失敗的商人。他死後，還留下了沉重的債務。為了償還父親的債務，林尚沃只好到父親欠債的店鋪去做夥計，以工抵債。

林尚沃做了三年的店員，每天五點起床，半夜才入睡，不辭辛苦的努力工作著。後來，店鋪老闆洪得柱見他勤懇厚道，決定給他一次機會。但他首先要考驗一下林尚沃是否具備經商的才幹和作為商人的素質。

每年冬至的時候，朝廷都會派使臣出使北京。與此同時，還有若干當的的商人搭起夥來，偷偷隨著使臣隊伍到北京去做走私貿易。但如果被關卡查出，就永不允許再隨隊去北京。所以這次，老闆派林尚沃到北京走一趟。這也就意味著，要放林尚沃去獨立經商。

二十天後，林尚沃抵達山海關。他深夜登上了山海關門樓，望著門樓橫匾上的「天下第一關」幾個大字，涕淚交流。

「父親，」林尚沃就地屈膝而跪，「我一定會按照您的吩咐，做一名『天下第一商』。三年了，我還沒有完成您的遺願，但悲慘的離開人間的父親以及列祖列宗留下的遺憾，我一定要做到。」

經過幾年的艱難打拼，憑藉其超人的意志力，最終，林尚沃成了當時朝鮮最富有的商人之一。當然，他也就成了一名當之無愧的「天下第一商」。

林尚沃之所以最後能夠取得成功，甚至富可敵國，就是由於他很早就確立了明確的目標。

儘管明確而堅定的目標不能使商人長命百歲，但卻可以增加其經商成功的機會。如果你沒有明確的目標，做什麼都是漫無目的，又怎麼能成功呢？美國商業鉅子賓尼說過：「一個目標明確的普通員工，會成為創造歷史的人；一個心中沒有目標的人，只能做個平凡的員工。」同樣，一個目標明確的創業者，會成為一個創造歷史的頂級富翁；一個心中缺乏目標的創業者，最多也只能是一個平凡的商人。

目標是努力的依據，也是創業者對自己的鞭策。隨著向目標的一步步逼近，人的成就感會越來越強，奔赴目標的積極性也會越來越大。對許多人來說，制定和實現目標就像一場比賽，隨著時間的推移，你的思維方式和工作方式，也會漸漸改變。

有一點很重要，你確立的目標必須是具體的，可以實現的。如果目標不夠具體，無法衡量是否能實現，那對你不僅沒有幫助，反而會降低自己的積極性，甚至會洩氣，最後放棄目標。

任何理想的實現，都有賴於制定，並且達到一連串的目標。每個重大目標的實現，都是由實現幾個小目標、小步驟開始的。因此，如果你能集中精力做好目前手上的工作，心中明白自己現在的種種努力都是為實現將來的目標鋪路，那麼你的成功和你所獲得的財富，都將是遲早的事。

制定長遠致富規劃

許多人想致富，想成為富翁，但他們認為，只要埋頭苦幹就能發財，然而到最後，卻發現自己走錯了路。因此，在行動前，我們務必要具備規劃能力，掌握直正的目標，並在擬定目標的過程中澄明思慮，凝聚繼續向前的力量。

創業沒有規劃，致富沒有目標，要成功簡直是難上加難。你可能會被短期的種種挫折擊倒，你也可能會選錯致富的道路，理由很簡單，沒有規劃，就等於摸著石頭過河，不曉得哪裡該走，哪裡不該走，一點頭緒都沒有。

第九課 規劃能力 & 未來永遠在自己的心中

制定長遠致富規劃

在規劃未來時，要有遠大的目標。美國成功學奠基人拿破崙．希爾說過：「目標必須是長期的、特定的、具體化的、遠大的。目標越高遠，人的進步越大。」一個人的理財和致富規劃應與他的人生規劃相結合，是一生的籌劃和設計。

「環宇」這個名字曾在電視機行業中輝煌一時，因為它是中國最早生產電視機的廠商之一。一九七〇年，「環宇」開始生產電視機，到了一九七四年，它便研製出了彩電送進了中南海；一九八九年，它又較早的從日本引進生產線。「環宇」曾先後獲得「國家銀質獎」、一九八五年中國十大名牌等幾十種榮譽；一九八六年又成為電子行業第一個進軍歐洲市場的企業。

然而，就是這樣一個成功的企業，卻意外的在一九九五年宣告破產了。

「環宇」破產的主要原因，正是由於它缺乏長期的規劃和目標所致。一九八八年，「環宇」生產了四十萬台電視機，成績斐然。看到取得的成績，決策者昏了頭，結果以後便盲目發展，擴大生產。到了一九八九年，電視機市場開始疲軟，而決策者卻錯誤的估計形勢，壓縮自己的看家產品，減少了電視機這項主導產品的資金投入。一直到一九九五年，六年內只投了三千萬人民幣，卻在其他專案上貸款投入了兩億元。而在這段時間內，其他的電視機廠商卻加大投入研發，結果導致「環宇」從一九八八年的排名十幾名逐年下滑，最後失去了市場競爭力，以破產告終。

如果你翻開企業史，會發現裡面有數不清的白手起家、功成名就的富翁。在企業界，到處都有平凡人一躍而成為富翁的故事。實際上，他們並非天生的資質超凡，只不過是和你我一樣平凡的人，但是，他們卻善於規劃自己的人生和未來，即使以後沒有完成規劃，他們仍有條不紊的生活，還是會讓他們受益匪淺。

克里蒙．史東現今是全世界聞名的 PMA（積極心態）先生，年幼喪父，但幸運的是，他有一位非常傑出的母親。母親在他年幼的時候就告訴他，不論做什麼事情，都要有長遠的規劃和決心。

因此，當克里蒙．史東開始要制訂及規劃人生目標時，進行了非常謹慎細心的選擇。經過努力，他現在變成了世界最受尊敬、最富有的和對人生最有把握的人。他對自己早年的生活不但未多抱怨，反而充滿自信和熱忱。

如今，史東已經是聞名全球的 PMA 先生！聽他十分鐘的演說，就足以改變你的人生。

他非常謹慎小心的設定他的人生規劃，而他也如願的達成他的目標。史東先生在八十三歲高齡時仍然在工作。

最卓越成功的富翁們，都是成功的目標設定者，他們賦予自己理想無限的發展空間，而且不為其他目標或機會而輕易放棄自己的規劃。

當然，要實現遠大的目標或規劃，從來都不是一蹴而就的。為實現你的致富規劃，還需要建立中期目標和近期目標，由近期目標向中長期目標逐漸邁進，使自己能夠切實的看到財富的累積，進而增強成功創造財富的希望和最終達到創造財富的目的。

做自己最了解的行業

在創業的時候，最大的誤解就是選擇自己不熟悉的行業進行操作。這會讓你付出多於十倍甚至更多的精力和物力而最終無法獲得財富。因此，創業的關鍵一點也在於，要選擇一個自己了解和熟悉的行業。

其實我們只要認真思考一下，就會發現，熟悉一個行業到一定程度，研究它的發展規律，具備比較熟悉的業務關係和一定量的資金，這就是創業的開始了。

但是，要對某一個行業了解和熟悉，可不是一朝一夕的事，你需要在學習和生活中不斷尋找和發現，一旦找對了，就要馬上行動。

戴爾電腦的創始人戴爾出生於德克薩斯州的休斯頓市。少年時期的戴爾非常勤奮，而且很聰明。十多歲的時候，他就開始了自己的賺錢生涯，比如在集郵雜誌上刊登廣告，出售郵票等。一段時間後，他用自己賺來的兩千美元買了他的第一台個人電腦，並把電腦拆開，研究它的內部結構。

讀高中後，戴爾找到了一份為報紙徵求新訂戶的工作。戴爾將他的客戶資料都存入他的電腦中，然後向每一位客戶發一封附有個人簽名的信。在這份工作上，戴爾更加熟悉了電腦，而且還賺到了一萬八千美元，買了一輛德國寶馬汽車。

第二年，戴爾進了紐約的哥倫比亞大學。像大多數大學生一樣，他需要自己想辦法賺生活費。此時，大學裡人人都在談論個人電腦，凡是沒有電腦的人都想買一台。但由於當時的電腦售價太高，很多人都買不起。他們需要的是能滿足他們的需要而又售價低廉的電腦，但市場上卻沒有。戴爾想：如果經銷商的經營成本不高，為什麼要讓他們賺那麼豐厚的利潤呢？為什麼不由製造商直接賣給用戶呢？

當時的電腦公司——國際商業機器（IBM）公司規定，經銷商每月必須購入一定數量的個人電腦，而大多數經銷商都無法將貨全部賣掉。如果存貨積壓太多，經銷商就會損失很大。於是，戴爾按成本價購得經銷商的存貨，然後在宿舍裡加裝配件，改進性能，然後低價賣給學生。這些經過改良的電腦十分受歡迎，戴爾見到市場的需求巨大，便在當地刊登廣告，以零售價的八五折推出他那些改裝的電腦。不久，許多商業機構、律師事務所、學校都成了他的顧客。

後來，戴爾成立了戴爾電腦公司。當時戴爾只有十九歲，他仍然專門直銷經他改裝的國際商業機器（IBM）公司的個人電腦，因為那是戴爾最熟悉的行業。第一個月，戴爾的營業額就達到了十五萬美元，第二個月達到二十四萬美元。一年後，戴爾的電腦每個月可售出一千台。直到戴爾大學畢業的時候，戴爾的公司每年營業額已達七千萬美元。於是，戴爾停止出售改裝電腦，開始轉為自行設計、生產和銷售自己的品牌電腦。

眼下，戴爾的電腦公司在全球六個國家（包括日本）都設有附屬公司，每年收入超過二億美元，有雇員約五千五百名，戴爾也成了世界著名的電腦王子和超級富翁。

天生聰明，有商業頭腦的人，他們創業也許會很順利。但是，如果你不具備聰明的天質，也不是很幸運，那麼，創業的一個重要要素就是要選擇自己熟悉的行業。熟悉後，多動腦，多思考，多發現，進而總結出行業的規律，創造財富。

因此，在你準備創業的時候，首先要深刻的反問自己：「我是否懂這一行？我在這一行創業是否有把握？」哪行有把握，就在哪行發展，這才是你成功和賺錢的基礎。因此，為了實現自我的價值，賺取你人生中的第一筆財富，你要選擇一條最適合於個人發展的途徑，也就是自己最熟悉的行業，才能發揮出自己的優勢，擁有一個成功的人生。

把握創業時機

有些人在創業之初，即使有好機會，也是前怕狼後怕虎，衡量一下這邊，衡量一下那邊，結果等一切都衡量好了以後，創業的時機已經沒有了。所以，在你規劃創業致富的領域時，一旦看準了創業時機，就要立即實施你的財富規劃，切記，機不可失！

有句古話說：「天時地利人和。」最佳的創業時機同樣如此。所謂天時，就是特定的市場時機。在如今這個快速變化的市場中，一個良好的創業構想，也許幾個月後就會一文不值。因此，對市場進行研究後，要及時把握利潤基礎和競爭環境，看準機會，馬上實施。

地利，指營業場所。實際上，營業場所有兩種，一種是不同區域的市場，即將自己的事業放在台灣還是香港；另一種是特定區域內地點的選擇，例如將店面定在商業區還是居民區。營業場所的選擇，與你所經營的行業、你目前的基本情況等，都有很大的關係，需要根據你的實際情況而定。

人和，當然要求創業者自身必須具備較強的領導組織能力和感染能力，能將工作人員團結成一個緊密合作、無往不前的團體。

第一次創業是你從未經歷過的學習過程，如果你留意一下那些創業者，他們的企業也常常年復一年的在艱難中掙扎，寸步難行；當然，也有些創業者是快速成功的。為什麼會有這樣迥然不同的結果呢？就是因為他們對經營企業所要面臨的挑戰，與可能會得到的回報有充分的心理準備，最主要的是，他們能夠把握創業的時機，知道何時開始創業。

同時，要開創事業並進一步發展，你還需要不辭辛苦。想要追求財富，你必須真正的擁有你的事業，無論是公司日常的運作、公司文化、名人的職權甚至心有不平的員工，都要瞭若指掌。

美國巨富哈默一生中最活躍的二十五年是一九三一年從俄國回來後開始的。

哈默回國時，正是富蘭克林．羅斯福逐漸走近白宮總統寶座的時候。羅斯福提出的解決經濟危機的「新政」，獲得了一些人的讚許。但此時，「新政」還沒有得勢，一些人對「新政」能否成功都持懷疑態度。哈默研究了當時美國國內的政治形勢，認為羅斯福肯定會掌握美國政權，「新政」一定會成功。正是從這點出發，具有商業頭腦的哈默找到了一條可以發財的門路。他認為，一旦羅斯福新政成功，一九二〇年公布的禁酒令就會被廢除，為了解決全國對啤酒和威士忌酒的需求，那時將需要空前數量的酒桶，尤其是需要用經過處理的白橡木製成的酒桶，而當時市場上卻沒有酒桶可以用。

哈默曾在蘇聯住了很多年，他很清楚蘇聯人有製作酒桶用的桶板可供出口。於是，他提前訂購了幾船的桶板，並在紐約碼頭俄國貨船靠岸的泊位上設立了一個臨時性的桶板加工廠。由於供不應求，哈默又在紐澤西州的米爾敦建造了一個現代化的酒桶加工廠。當哈默的酒桶剛剛從生產線上生產出來時，美國的禁酒令恰好廢除。人們對啤酒、威士忌等酒的需求馬上大大的增加了，各個酒廠的生意量急劇增加，這就需要大量的酒桶來滿足。此時，哈默的酒桶剛好派上用場。於是，哈默的酒桶被那些最大的威士忌和啤酒製造廠用高價搶購一空，哈默大大的賺了一筆。

哈默的成功，正是秉承了抓住有利時機、果敢行動這一信念。掌握致富的創業時機，就要記住，當你認為一個機會確實可以讓你成為富翁的時候，就要牢牢抓住它，馬上開始實行，絕不拖延或放棄機會。創業時機的把握，甚至可以完全決定你是否有所建樹，取得成功。

立即行動，奔向財富

要記住，行動就是力量，一萬個空洞的說教，也不如一個實際的行動。所以，如果你現在打算賺錢了，就不要再沉浸在幻想當中，做好規劃後，要立即行動，向你的財富衝擊。因為只有在行動的過程中，你才能知道自己的優劣，進而取長補短，贏取成功。

由貧窮走向富裕，需要的就是把握機會，而機會常常是平等的擺在人們面前。具有過度安穩心理的人，常常會失去一次次的獲取財富的機會，所以，你只要一息尚存，就必須馬上行動，身體力行。

在致富的過程中，尤其是創業之初，如果下定決心，就立刻去做，往往會使你最熱望的夢想實現。

美國聯合保險公司的創辦人克萊門特·斯通曾說過：「我相信『行動第一』！這是我最大的資本，這種習慣使我的事業不斷成長。你必須用心搜集事實，沒有任何拖延的理由。行動是最重要的部分。」

美國有個豆芽大王吉諾·普陸奇，當他上大學法律系一年之後，忽然覺得，雖然大學畢業後要當律師，年收入也不少，但比起經商賺的錢，簡直就是小巫見大巫。為了自己以後自己能賺到更多的錢，成為富翁，他毅然決然的放棄了美好的前途，棄學從商，步入了充滿危險同時又充滿金錢誘惑的商界。

起初，他只是在一家雜貨批發公司當推銷員。由於他肯動腦筋，又很機靈，不久，他的佣金收入竟然超過了這家公司董事長的薪資。董事長受不了了，要把他的收入拉下來。他當然不會願意，於是炒了老闆的魷魚。

這時，吉諾．普陸奇又想出了一個絕招：做豆芽生意。那個時候正是第二次世界大戰時期，市場一片混亂，很多地方根本買不到蔬菜，所以豆芽便成了城裡可以生產出來的一種應急蔬菜。於是吉諾．普陸奇找到合作人，請了會發豆芽的日本人當顧問，在很短的時間內就做了起來。

為了擴大銷路，他拿著騙人的「豆芽生產會」的介紹信，跑到首都華盛頓，和軍需部門洽談生意，還真的拉來了一筆大生意。為了擴大影響，他還把公司改名為「重慶公司」，給人以一種規模宏大、資本雄厚、設備現代化的印象。此外，他還擴大生產品種，從單一生產豆芽，發展為多種蔬菜，又別出心裁的做廣告，使自己逐漸走進了億萬富翁的行列。

在致富的過程中，確實需要立即行動，敢想敢做。當然，這並非要你盲目的去做，而是需要先審時度勢，權衡利弊，抓住商機中那寶貴的「一剎那」，衝向成功。

規劃備忘錄：

NO.1　夢想是保證你的財富列車快速運行的重要保障。

NO.2　制定適合自己的規劃，對獲取財富很重要。

NO.3 要想致富，就要鎖定一個可量度、有期限的財富目標。

NO.4 規劃財富目標要切合實際。

NO.5 目標規劃好後，快速行動可以幫你儘快實現目標。

NO.6 聰明而成功的商人，會在自己熟悉的領域創建自己的致富路。

本節測試：測測你的規劃能力如何？

成功的商人，幾乎都是具有出色規劃能力的人，都能制定合理的目標，並積極行動，為實現致富目標努力。那麼你是否是一個具有規劃能力的人呢？來做做下面的測試吧！

1. 你是否為自己制定了一系列的創業目標？

A. 是　B. 不確定　C. 否

2. 你所制定的創業目標是否明確可行？

A. 是　B. 不確定　C. 否

3. 你在為自己制定創業目標時，是否知道哪些目標切實可行，哪些是不太實際的？

A. 是　B. 不確定　C. 否

4. 當你準備實現自己的目標時，你是否去制定了一個具體的計畫以達到你的目標？

A. 是　B. 不確定　C. 否

5.在你所制定的目標和規劃中，你是否能分清主要目標和次要目標？

A.是　B.不確定　C.否

測評標準：

對於以上的問題，如果你的回答是肯定的，得2分；不確定，得1分；回答是否定的，得0分。

一起來看看測評結果：

0～4分

你的規劃能力很差，你需要認真反省一下自己，制定合理的目標，否則，你會因缺乏目標而瞎忙，影響創業致富的效果。

5～6分

你的規劃能力一般，需要繼續改進，制定適合自己的計畫目標。

7～10分

祝賀你，你的規劃能力很強，應該繼續保持。

第十課 執行能力 & 走好實現目標的每一步

立即行動，奔向財富

第十課　執行能力&走好實現目標的每一步

「執行能力」是否到位，既反映一個企業的整體素質，也反映出企業管理者的角色定位。管理者的角色不僅僅是制定策略和下達命令，更重要的是必須具備跨越障礙的執行能力。如果某個管理者認為創業不需要執行能力，那麼說明這個管理者對自己的定位有問題，他也很難帶領這個企業賺取財富。一個成為富翁的管理者，應該不僅僅只是制定策略，還應該具備相當的執行能力。

最重要的是行動

要創業，要成功，就必須要有行動，也即執行能力。

人的執行能力包括管理者的管理能力與員工的工作能力。這兩種能力都會影響企業的執行力。其中管理者的管理能力尤為關鍵。而善於行動，則是成功中的基本環節。善於行動，是成功商人抓住機遇的寶貴經驗，也是他們獲得成功和財富的根本保證。「工商鉅子」霍英東就是一位善於行動的成功商人。

一九五〇年，韓戰爆發，當時中國不少廠商急需無縫鋼管，而英國人害怕中國用鋼管製造槍枝，支援戰爭，所以將鋼管也列入禁運貨單之中。

對於商人來說，這樣的環境就是賺錢的機遇。誰若是抓住了它，迅速行動，就能從中贏到財富。具有敏銳商業眼光的霍英東馬上意識到，於是，他立即籌集資金，購買各種高級無縫鋼管，從槍炮用的到原子能加速器上應用的，幾乎無所不有，然後將這些鋼材、零件先運到澳門，再從澳門運到大陸。

就這樣，霍英東在艱難的條件下，抓住了市場機遇，這樣一來，霍英東便嘗到了抓住機會迅速行動的甜頭，在短短的幾年內賺到了大錢。至此，霍英東徹底擺脫了貧窮，創下了自己的一份產業。據香港英文版《南華早報》載文說，霍英東在韓戰結束後至少賺了一百萬美元。

一九五四年，霍英東開始進軍房地產市場。在經營房地產期間，霍英東敏銳的感覺到，香港建築業的蓬勃發展必然會造成對海沙的大量需求。但在一九六〇年代初，香港工商界人士還不敢輕易涉足淘沙領域。因為這個領域需要用大量的勞動力，投資也大，收入不多，要想賺錢相當困難，弄不好可能傾家蕩產。但是，霍英東卻另有看法，他認為，海底淘沙，不僅可以獲得大量建築用沙，支援房地產業，還可以挖深海床，填海造地，一舉三得。他認準這個行業必有前途，於是大膽的迅速行動，搶在別人尚未察覺時率先下手。

一九六一年，霍英東派專人前往歐洲著名廠商，用重金訂制了先進的淘沙機船。然後又以高價向泰國政府購買了一艘長達兩百八十八英尺、載重二千八百九十噸的大型挖泥船，將其命名為「有榮四號」。這艘大型挖泥船每二十分鐘可入海挖取泥沙兩千噸，並自動放入船艙倉庫中。

當一切設備就緒後，霍英東馬上行動，「有榮四號」很快便成了霍英東的「掘金船」。隨後，霍英東又派人到歐洲訂購了一批先進的淘沙機械船，用現代化設備取代了落後的手工操作。兩年後，霍英東就擁有了八十多艘船，淘沙船達二十多艘。一九六〇年代中期，香港的地產業蓬勃發展，都離不開海沙。而港九建築業所需的建築材料——海沙，都由霍英東供給。他名下的「有榮船務公司」也因此生意興隆，財源滾滾。

萬事開頭難，任何行動的第一步都是整個行動中最難邁出的一步。很多人執著於周全的計畫，他們將各種計畫全部羅列出來，然後在腦海中思考解決問題的方法。然而，總會不斷有新的困難出現，進而困難越來越多，越來越凌亂，最終還沒有行動，計畫就夭折了。這些人明顯缺乏決斷力和執行力。無論多麼遠大的目標，即使你難以有準確的判斷，如果不執行，也沒有任何意義。記住：最重要的是行動。

絕不拖延

執行力本身就可以幫助我們增強信心，而缺乏執行能力，只會帶來致富的恐懼。要創業，不是我們想想就可以成功的，在創業的過程中肯定會遇到很多困難。而克服這些困難的最好辦法，就是積極的行動，積極的執行計畫，絕不拖延。

創業致富就像一盤棋，坐在你對面的對手，就是你的時間。只要你在創業的過程中稍微有點猶豫不決，你很快就會被淘汰出局。但如果你能繼續下去，將你的計畫轉化為實際行動，你還是會賺到財富的。

世界上一些著名的富翁，他們最大的長處，就在於精明果斷。著名石油大王洛克菲勒就曾說過：「猶豫不決是魔鬼最喜愛的工作。」

每天只是躺在床上幻想，是永遠都不可能成功的。唯有下定決心並積極執行計畫，採取行動，才能得到你所要追求的財富。

世界船王奧納西斯就是一位想好就做、絕不拖延的億萬富翁。

一九三〇年代初，西方經濟大蕭條，生產過剩，物價暴跌，人們幾乎無法生活。但是，天生具有一雙慧眼的奧納西斯卻認為，這種現象只是暫時的，世界經濟必然會重新復甦。這時，他聽說加拿大國營鐵路公司元氣大傷，正在拍賣產業，其中六艘貨船原價萬美元，現在卻只賣十二萬美元。

他認為這是一個很好的機會，經濟復甦之後，海上運輸業必定會繁榮，那時船價肯定會上漲。

於是，奧納西斯到加拿大買下了這六艘貨船。剛買下的幾年，這些船沒有什麼用途，工作也很少，人們都認為奧納西斯做了一件很傻的事。但他本人並不後悔，也不動搖。

不久以後，第二次世界大戰爆發，水上運輸工具突然身價百倍，這時奧納西斯發財了。很快，他又添置了新船。到二戰結束後，他已置身於擁有希臘「制海權」的巨頭行列了。

可見，敢想敢做，遇事不拖，終究會獲得成功，邁向致富之路。

如果你今天做好了創業的計畫和準備，而明天卻又改變了決定，或者退縮不前，那麼你注定與財富無緣。財富永遠不可能主動找到你頭上，你只有行動起來，才可能抓住財富。

敢想，敢做，敢於嘗試

許多人一想到致富，便想如果出身在豪門貴族就好了，或者有一天能繼承一大筆遺產就好了，……

有富裕的背景條件當然再好不過了，但是，能真正有這樣條件的人卻少之又少，絕大多數人還是出身於普通人家，要獲得財富完全依賴於自己的奮鬥。而事實上，在那些有錢人當中，大多數人還是依靠自己創業致富的。

有人統計過中國的百萬富翁，基本上都是靠自己白手起家的，在創業階段都是兩手空空。多的靠一兩千元起家，少的靠幾十、幾百元起家。我們可以看到，年廣久是白手起家，熱比婭是白手起家，張宏偉是白手起家。這些億萬富翁，不僅是白手起家，還屬於超級貧困的階層。但他們窮則思變，最終都靠著自己的敢想、敢做，走上致富的道路。相比之下，許多人比他們條件好，但卻因缺乏行動意識，最終失去成功的機會。所以，只有敢想、敢做，敢於嘗試，敢於執行，才能創造財富，贏得成功。

一九五六年，五十八歲的哈默購買了西方石油公司，開始大做石油生意。

當時，石油是最能賺大錢的行業。而也正因為石油最能賺大錢，因此市場競爭尤為激烈。初涉石油領域的哈默要想建立起自己的石油王國，無疑面臨著極大的競爭風險。

首先是油源問題。一九六〇年，石油產量占美國總產量百分之三十的德克薩斯州早已被當地的幾家大石油公司壟斷了，哈默根本插不進手；沙烏地阿拉伯是美國埃克森石油公司的天下，哈默更是難以染指。如何解決油源問題呢？

一九六〇年，當哈默花掉一千萬美元的勘探基金仍然毫無結果時，他再一次冒險接受了一位青年地質學家的建議。在美國舊金山以東的一片被德士古公司放棄的地區，可能蘊藏著豐富的天然氣，地質學家建議哈默的西方石油公司把它租下來。聽了地質學家的建議，哈默考慮了很久，最後還是接受了他的建議。於是他又千方百計的從各方面籌集了一大筆錢，投入了這一冒險的工程。當鑽到八百六十英尺深時，終於鑽出了加利福尼亞的第二大天然氣田，價值在兩億美元以上。面對著天然氣田底下的大量石油源，哈默的石油生意獲得了巨大的成功。

哈默成功的事實告訴我們：敢想，敢做，敢於嘗試，才能取得成功。與其不嘗試就承認失敗，不如嘗試了再失敗。羅曼．羅蘭說過：「沒有一次正確是一勞永逸的完成的。爭取是一種每天重複不斷的行動，人們必須一天又一天的堅持，不然就會消失。」因此，如果你打算成為一個富翁，一個成功者，就必須具備堅強的毅力、勇氣及執行能力。

執著才能成功

人生之路，並不都是坦途，成功往往是需要經歷許多失敗與錯誤，才能換得一次的成功。

成功大師拿破崙．希爾說：「在放棄所控制的地方，是不可能取得任何有價值的成就的。」也就是說，在致富的路上，面對失敗不能輕易放棄，要善於從失敗中記取有價值的資訊，調整思路，向著財富衝擊。迪士尼樂園的創始人迪士尼先生，就是一個非常執著的人。他在創業過程中，曾經歷了無數的困難，可每次他都沒有放棄自己的目標。正是因為他可貴的執著，才有了最後的成功。

一九二二年底，迪士尼發現，電影廣告公司很賺錢，他曾目睹這家公司的業務接連不斷，利潤甚豐。經過兩年的工作實踐，迪士尼對卡通廣告的製作也十分熟悉了，便想自己從這方面創業。於是，他辭掉了在電影廣告公司的工作，拿出自己所有的積蓄，並向朋友和同事們借了一些錢，湊夠了一萬五千美元，然後創立了「歡笑卡通片製作公司」。

公司開張後，迪士尼不分晝夜的繪畫圖形，並根據童話故事拍攝出兩套七分鐘的短片。他本以為自己會一炮而紅，獲得成功。然而，他委託的兩名推銷員卻騙了他，他們中飽私囊，逃之夭夭，令迪士尼血本無歸。

第十課 執行能力 & 走好實現目標的每一步

執著才能成功

一九二三年，迪士尼的卡通製作公司不得不宣布破產，公司的所有器具都被拍賣還債，有些債務是迪士尼私人借的，公司破產後仍須清還。但是，迪士尼沒有退縮，而是繼續執著於他的夢想。一九二三年夏天，迪士尼決心從頭再來，仍舊拍動畫片。他租了一間車房作工作室，又從自己的哥哥那裡借了些錢印製信紙信封，公司暫定名為「華特．迪士尼動畫片公司」。他寫了許多信給曾經聯繫過的電影公司，希望他們能訂購他的動畫片。

不久，紐約有一家公司寄來了回信。這家公司的主管溫克勒太太曾看過迪士尼拍的影片，非常喜歡。她在信中訂購了迪士尼的《愛麗絲夢遊仙境》動畫影集，每集出價一千五百美元，條件是主角愛麗絲須由她指定的一位六歲的小姑娘維吉尼亞．大衛斯主演。迪士尼接到信後大受鼓舞，當即借來八百美元作為資本，開始投入拍攝。

影片拍得非常順利，不久以後，第一集《愛麗絲在海上生活》就完成了。由於迪士尼在製片過程中充分發揮了想像力和創造力，使整部影片新鮮而有趣，溫克勒太太看後十分滿意，很快將一千五百美元匯給迪士尼，並連續訂購了六集。

從此以後，迪士尼公司的動畫片產量開始不斷增加，售價也從一千五百美元提高到三千美元。迪士尼公司的業務開始蒸蒸日上。

一九二六年秋，溫克勒太太和她的丈夫一同來到迪士尼的公司，她建議迪士尼重新創造一個動畫片的角色。迪士尼隨手畫了一隻齜著牙的兔子，樣子很討人喜歡。溫克勒太太十分喜歡，她和她的丈夫給兔子取個名字叫奧斯華。他們與迪士尼重新簽訂了合約，並預付了兩千美元。

迪士尼很快開始了《幸運兔奧斯華》的設計製作。他把奧斯華畫成一個胖乎乎的古怪的野兔模樣，穿著很不合身的背帶褲。表面一副蠢相，實則狡猾伶俐。經過多次改進後，影片獲得了眾多電影租片商的好評。影片上映後，引起了不小的轟動。兔子奧斯華成了孩子們心目中的大明星，商人們紛紛向影片公司申請在商品上使用奧斯華的名字和形象。它的尊容還被印在糖果盒上，小學生們的上衣領上也別著奧斯華的徽章。迪士尼一下子就紅了。

縱觀歷史上的成功人士，無一不是面對困難、挫折、失敗，沒有退卻，沒有逃避，他們堅持著，奮鬥著，冒險犯難，執著無畏。成功者都充分認識到：成功之路，有如文火熬骨頭湯，只能慢慢成熟，其滋味由淡變濃，最後香飄四溢。

國際電台廣播員莎莉．拉斐爾，一生遭辭退十八次，但她沒有被挫折所嚇倒，相反，挫折成為鞭策她勇往直前的動力，最後一舉成名，成為創辦電視節目的主持人，曾經兩度獲獎，在美國、加拿大和英國，每天有八百萬觀眾收看她的節目。

可口可樂總代理塞奧．捷曼，於一九八四年接受公司的授權，同百事可樂公司競爭，扭轉了可口可樂公司銷售下跌的不利局面。開始，他經過改變可口可樂的配方，以「新可樂」商標面市，並大肆宣傳。但這並沒有挽救局面，僅七十九天，「新可樂」成了美國文明汽車市場失利最嚴重的新產品。一年後，捷曼離開了可口可樂公司。然而，捷曼沒有被失敗帶來的中傷、蒙恥、破滅感而葬送他為之奮鬥的事業。七年後，他又殺回了可口可樂公司，並一舉成功。

由此可見，不管做什麼事，放棄了，就失去了成功的機會，執著的追求，就會擁有成功的希望。

只要你多份包容與耐力，理智與果斷，堅韌與執著。

一個人有了夢想、目標後，需要的就是一顆執著的心。因為創業過程中充滿了曲折和艱辛，每個成功的人都從克服大大小小的困難中度過來的。遇到困難就灰心喪氣而不能堅持下去，那麼一切夢想、目標都是空談。

不怕創業的孤獨

每個富翁在創業過程中，都會經歷創業的孤獨，可能無人支持，可能遭人誤解。然而，成功者面對這樣的挫折，都不會輕易放棄他的計畫，而是執著於他的目標，直至實現。

皮爾．卡登在創業之初，曾經飽嘗孤獨，開始的貧困，學習過程的艱苦，創業時的無人支持，但他都不放在心上，始終堅持自己的想法，執行自己的規劃。

第二次世界大戰爆發時，皮爾．卡登曾流浪到巴黎。那時他連住的地方都沒有，只能每天四處流浪。

皮爾．卡登走投無路時，偶然看見一家時裝店的櫥窗上貼著招募學徒的廣告，於是便走進去應試。由於他以前學過裁縫，所以很順利的就被錄取了，從此就開始了他在服裝業奮鬥的生涯。用他自己的話說：「我是從頭到尾學這個行業的。我喜歡把一件衣服從頭做到尾，從畫圖、剪裁、縫合、試樣直至銷售。」他在工作期間，一絲不苟的學習，對製衣中的每一個細小細節都不放過。

一九四五年，皮爾．卡登轉到「帕坎」時裝店做設計。當時，許多著名演員都在這家店訂做服裝，這也給了他一個得以嶄露頭角的好機會。

一九四六年，他又轉到著名的「迪奧」時裝店工作。在那裡，他學會了製作既符合時尚、又大方高雅的時裝的技能。憑著他的聰明才智，他漸漸在法國時裝業中站穩了腳跟。

一九五〇年，那是皮爾．卡登事業的一個重要轉捩點，他自己在里什龐斯街租了一間房子，首次展出了他自己設計的戲劇服裝和面具。雖然當時條件比較差，但卻仍然引來了不少人參觀，使皮爾．卡登獲得了小小的成功。這給了他很大的信心，他決定大顯身手幹一番。三年後。他第一次推出了自己的女裝設計，並一舉成名。

皮爾．卡登曾飽嘗了開拓者的孤獨，但他寧願孤獨也不和上流社會的人來往。他平時總是獨來獨往，思維像一匹野馬跑在時代的前面。正因為這樣，他才能超越時代，在商場中獲勝。

一九五三年，皮爾．卡登改變了傳統的時裝經營模式，將量體裁衣、個別訂做改成小批量生產，並不斷更新經營方式。當皮爾．卡登第一次展出成衣時，人們就像參加一次真正的葬禮一樣。他被指責為倒行逆施。結果，他被雇主開除了。

一九五九年，皮爾．卡登又一次在巴黎舉辦時裝展示會。展示服裝既有女裝，也有男裝。他的這一舉動在巴黎時裝界掀起軒然大波，業界人士紛紛指責他是「離經叛道」。一時間，皮爾．卡登成為眾矢之的，在名譽上和經濟上都遭受了巨大的損失。

然而，皮爾．卡登並沒有因此而退縮，他繼續執著於他的事業，設計女裝，也設計男裝，並堅持聘請時裝模特做表演，而且規模比以前更大。

經過幾年的努力，皮爾．卡登終於迎來了男裝市場的春天。他設計的系列男裝很快占領了法國男裝市場的半壁江山。

皮爾．卡登就是這樣，在創業中不怕沒有支持者，不怕別人的挖苦嘲笑。他經常孤獨的堅持自己的想法，也因為他這樣的個性，才使他成為世界級的服裝大師。

在執行一項新的任務或進行一項新的嘗試時，孤獨與艱辛總是時刻伴隨著創業者的。要想成功，你就要相信自己，勇敢的面對各種困難，甚至他人的嘲笑和反對，堅持自己的想法。只要度過了這段孤獨艱辛的時期，獲得世人的認可，你的道路就會越走越寬，成功也一定會屬於你。

大膽行動達到目標

我們中的很多人都有很好的經商想法，但是，能真正實踐的卻不多。這就是富翁與窮人的區別所在。富翁在創業之初，制定目標後，都會大膽執行，直至成功；而沒有成功的人，並非因為他們沒有經商的想法和計畫，而是因為他們沒有將自己的想法和計畫付諸實踐，缺乏執行力，結果失去了成功的機會。

戴爾總喜歡這樣說：「如果你認為自己的主意很好，就去試一試！產生想法並大膽的嘗試。」這也是戴爾走向成功的一個重要因素。

紐克倫曾是一個小本經營者，但是，他一天都沒有放棄從事更大事業的想法。

一個偶然的機會，紐克倫看到一家大公司開了幾輛裝垃圾的汽車，將垃圾倒入了一個垃圾山裡，然後付了一筆相當可觀的錢給垃圾的「訂貨人」。與此同時，他又看到了一些人付給垃圾的「收貨人」一點微薄的「管理費」後，就整天埋頭在垃圾裡揀「寶」，有的用汽車整車裝走，有的肩背手提的高興而歸。

紐克倫經過調查發現，垃圾已成為許多企業大傷腦筋的事情，他們都很想將垃圾清除出去，哪怕花點錢也可以。他還發現，這些看似骯髒的垃圾，實際並非全是廢物。在垃圾中還有很多寶貴的東西，只要設法將它們分離出來，妥善處理，就可以使之變為財富。

了解了這些情況後，紐克倫決定馬上行動。他先在郊區購買了一塊土地，作為垃圾的堆放場所，然後僱傭了幾個工人，買了一些簡單的清理和加工設備，就開始做了起來。在開張的那天，紐克倫親自坐鎮垃圾堆放場，迎接外面送來的每一車垃圾。但讓人遺憾的是，紐克倫創辦的垃圾公司並未引起人們的注意，來送垃圾的，也只是幾個小廠商。一天下來，垃圾只堆了一小堆。

面對這種局面，紐克倫決定改變策略，上門服務，爭取越來越多的廠商將垃圾賣給他們。於是，紐克倫指揮手下的人將垃圾中的塑膠、玻璃片、廢銅料以及化學廢渣等分別撿出來，送交有關廠商處理。兩個月後，紐克倫垃圾公司的經濟效益果然看出來了。他在垃圾身上賺了四倍於投資的利潤，這個數字可是比他原來的小本經營高出二十倍之多。

目標再偉大，如果不去落實，也只能是空想。成功不僅在於意念，更在於行動。制定目標和規劃，目的是為了實現這些目標。目標制定好後，就要付諸行動，去努力實現它。如果不將目標化為行動，那麼所制定的目標和規劃就毫無意義可言。

當你的目標制定好後，就要積極而大膽的執行，不能有一絲一毫的猶豫。觀望、徘徊或畏縮，都只會使你延誤時間，以至計畫化為泡影。

執行備忘錄：

NO.1 行動是實現一切財富目標的最重要的一步。

NO.2 播下財富的一個行動種子，你將收穫一座財富的金山。

NO.3 有錢人，都是對財富執著的人。

NO.4 要能夠忍受創業中的痛苦和孤獨。

NO.5 商場上的風險無法規避，但只要肯行動，就有可能出現轉機。

本節測試：你是否具有良好的執行能力？

制定目標後，最重要的就是能去執行，這是你邁向財富之門的關鍵所在。那麼，你是否具有良好的執行能力？是否能積極行動，完成你的財富目標？

做個測試吧！

1. 對於你的目標，你是否去付諸行動，去努力嘗試？

A. 是　B. 否

2.對於實現目標過程中遇到的種種困難，你是否會想方設法克服它？

A.是　B.否

3.在面臨一項重大的決定時，你是否會心裡很矛盾，並且面對要不要進行的困擾？

A.是　B.否

4.在還沒有動手做某件事之前，你是否會自己先把自己否定了？

A.是　B.否

5.你是否有做事拖延的習慣？

A.是　B.否

測評標準：

1～2題選「是」得2分，選「否」得0分。3～5題選「是」得0分，選「否」得2分。

測評結果：

0～4分

你的執行能力很差。也許你有很多的目標規劃，但是最後真正實現的並不多。

4～6分

你的執行能力一般，應繼續努力。

6～10分

你具有很強的執行能力，堅持下去，你的目標也許在不久的將來都會一一實現。

第十一課 經營能力＆把每一件事都做得很出色

大膽行動達到目標

第十一課　經營能力&把每一件事都做得很出色

行商之道，經營為本。經營是保證創業航道順利，成功獲取財富的關鍵。所謂「新鮮的經營謀略」，就是指與市場的發展、競爭和經營者實際情況密切結合，占得市場一席之地的經營之道。

創造一種需求

經營任何一個產業，都必須要有市場需求，滿足市場的空缺。能夠引導消費的商人，一般都能生產出非凡的產品。一方面產品新穎、實用、充滿創意，能給人們的生活帶來方便；另一方面，企業加大廣告宣傳，引得人們爭相購買。這是高明的商人的賺錢之術。

然而，這卻還不是頂尖商人的經營之道。真正的頂尖商人，能夠自己創造出一種市場需求。他會給人們傳遞一種資訊：這是一種新的生活方式，選擇它你就選擇了時尚、選擇了享受。

成功的創造一種需求的商人，最後都能獲取巨額的財富。當然，具備這種經營能力的，也都是一些著名的大商人。他們在引導消費時，主要目的是想促銷本公司的產品，結果他們的經營方式加上公司的實力，竟使一些顧客真的可以改變自己的生活習慣，進而離不開這種產品。

井深大是日本著名的索尼公司的創始人之一。有一次，他頭戴一副耳機，懷裡抱著一台索尼公司生產的可攜式立體聲．盒式答錄機，來到盛田昭夫的房間。他極其不高興的抱怨，這台機器過於沉重，聽起來太不方便了。盛田昭夫忙問他怎麼回事，井深大說：「我想欣賞音樂，又怕妨礙別人，但也不能為此而整天坐在這台立體聲．答錄機前吧？所以，就帶上它，邊走邊聽。不過，這傢伙太重了，實在讓人受不了。」

盛田昭夫對井深大的話也頗有同感。他了解到，現在的年輕人，生活中缺了音樂就會覺得很枯燥。但由於答錄機過於笨重，許多年輕人不得不放棄隨身攜帶它的想法。

井深大的煩惱，擦亮了盛田昭夫醞釀已久的構思。他連忙找來技術人員，希望他們能研製出一種新式的超小型答錄機。

在新產品還沒有定型前，盛田昭夫就開始研究，如何為它確定一個與年輕人的消費相稱的價格。原來的高性能小型合式答錄機，雖然不是立體聲．，但定價仍比較高，當時是四萬九日元。而對新式立體聲．的最初零售價格，盛田召夫卻想壓到三萬日元。

樣品很快出來了。雖說盛田昭夫對這一產品傾注了極大的熱情，但銷售部卻不看好，認為這根本賣不出去。那時，盛田昭夫也似乎覺得這種產品不會引起人們太大的興趣，自己似乎在白忙一場。但是，最終他還是堅信自己的路是對的。因此，他向大家保證，這計畫的一切責任均由他自己負責。

隨後，盛田昭夫就給該機取了一個通俗易懂的名字——「沃可曼」，並進軍市場。結果空前暢銷，索尼大賺了一筆。

索尼公司的「創業章程」上寫著這樣一條經營哲學——「最大限度的發揮技術人員的技能，自由開朗的建設一個歡樂的理想工廠。」這就是盛田昭夫創造需求的哲學依據。

會賺錢的商人，常常能了解和滿足客戶的需求，而且還能挖掘創造客戶的需求——需求背後的需求。商人在創造一種市場需求時，會懂得如何創造需求，即發現、創造、提供什麼樣的價值。最重要的是，必須能提供顧客認為最有價值的利益，即真正解決顧客問題和滿足顧客需求的產品和服務。如果你能時刻站在顧客的角度來思考問題，將「售貨處」當作「購貨處」甚至「使顧客心情舒暢的場所」來對待，那麼就一定能創造並獲得更多的需求，進而引來更多的財富。

量力而行，不可盲目

經營一個企業，我們不提倡墨守成規、裹足不前。然而，這也並不是要你不重視實際，盲目經營。要成功的經營一個企業，必須要量力而行。

日本八佰伴集團原為靜岡縣的一家小菜店，經過幾十年慘澹經營，後來發展成靜岡縣的超市連鎖店。其下屬的日本八佰伴公司的資本共兩百三十六億日元，從業人員三千五百人。

然而，這樣一家大公司為什麼最後會破產呢？最關鍵的一個原因，就是盲目擴張。

在日本，八佰伴集團並非流通業的龍頭，它的中堅力量僅僅是靜岡縣及附近的四十巴家超市。與當時的西友、大榮等遍布全國的大型超市集團相比，只不過是小巫見大巫。但是，八佰伴集團的領導者們卻不顧自己的實力，只想一口吃成胖子，要與日本的大型超市集團一爭高低，結果是盲目投資，盲目擴張。他們也曾經提出在中國建立一千家超級商場的龐大計畫，這就充分說明他們的經營方法是不切實際的。

事實上，該公司在日本國內的大量投資也大都是不成功的，他們接二連三投資的廉價百貨商場、大型電器銷售店、鰻魚蓋飯連鎖店等等，均以失敗告終，最終拖累公司負債累累，不得不宣告破產。

要成功，就要有勇氣和魄力，但經營也要講求策略。盲目經營，不衡量自己的力量，最後只能以失敗告終。因為隨著規模的發展，企業的經營會出現各種各種的漏洞，如資金周轉困難、技術落後、管理混亂等等，這些都容易導致新增加的投資項目失敗。即使本來賺錢的項目，也可能因經營不善而使總體利潤減少，企業的擴張得不償失。

做生意要有遠大的目標，不能得過且過，混一天算一天。但生意的發展也要靠自己踏踏實實的努力。創業階段，最重要的是不要妄想一夜致富，企圖一夜之間成為大老闆，大富翁。一定要量力而行，根據自身的條件，選擇符合行情的投資項目，詳細分析新產品的市場潛力、市場飽和率和企業的競爭能力。掌握了這些資料，才可以考慮是否進軍這一行業，不要盲目的以主觀想像來決定投資專案。而且在擴張的時候也要做好內部的管理準備，培養或者聘用一些專門的人才以應付發展的需要，這樣就避免了擴張後出現的經營漏洞。只有避免了「盲目」，企業才可以在一種可靠安全的環境下成長和壯大。

經商有時難免要冒點風險，但這不意味著商場就是賭場，因此不能以賭博的心理去經營。要審時度勢，看準了再決斷。不要認為某項生意能賺大錢就傾囊而出，結果很可能不僅大錢沒賺到，還落得個血本無歸。經營企業，要想著不斷充實實力，細水長流，一步一步，穩打穩紮，才是正確的方法。要保證一定的安全係數，即使不成功也不至於傾家蕩產。失敗了，稍做調整便可以東山再起。

經商，辦企業，是一個複雜的系統工程，不是單純憑一股熱情、一股衝勁就能有所成就，不僅需要有敏銳的眼光捕捉市場訊息，還需要有正確的思路確定經營策略，以及有嫻熟的技巧參與市場競爭。任何一個環節失誤，都有可能前功盡棄，甚至全軍覆滅。

作為一個在世界航運界叱吒風雲的船王，包玉剛既有勇於開拓、創新的「海派作風」，同時又堅持穩健的經營手法。在他看來，船運生意是「流動在海上的生意」，如果不穩健經營，航運生意就有可能變成一個爛攤子，難以收拾。不少行家認為，包玉剛能在短短十多年的時間裡，建立一個龐大的船隊，基本上是依賴穩健的經營手法。

在環球集團內部，流傳著這樣兩件事：

一次，包玉剛的一條船租約已滿，正準備與新租戶簽新租約。這時，香港有一家航運公司願出高價錢租這條船，所出條件非常吸引人。於是環球集團的員工都對包玉剛說：「包先生，對方價錢這樣高，我們不要錯失這個機會，還是簽了吧。」

「租這條船的人怎樣？」包玉剛問。

有同事告訴他：「這個人每晚都外出吃飯、喝酒、賭錢、玩女人。」

「那就不能租。把船租給這種人，不是等於被他玩？他出了事，我們也要遭受損失。」因此，包玉剛還是放棄了這個機會，將船租給了日本人，價錢雖然比較低，但他求個安心。

事過不久，包玉剛將他屬下的一條超級油輪賣給英國一家船運公司。包玉剛對滙豐銀行的高級職員說：「我們要對方開一張信用狀過來。」

「包爵士，對方是英國一家最大的船運公司，沒理由叫他們開OC（信用狀），這樣做等於我們白白浪費錢。」滙豐銀行職員說。

但包玉剛仍然堅持己見：「不行，這樣一大筆錢，一定要開OC！」

「那好吧，就聽您的。」滙豐職員隨即辦妥了開信用狀的事宜。

包玉剛收到這筆錢後不久，突然傳來消息：這家英國船運公司破產了。

包玉剛暗暗慶幸自己當初的決定，因而避免了巨額損失，而滙豐銀行也因此更加信服包玉剛處事的原則。

類似的事情，不僅包玉剛經歷過，相信很多成功的商人都經歷過。而他們最後只所以能做出準確的決定，都是因為具備謹慎、穩健的經營作風，對企業的發展及個人獲取財富來說，都是非常必要的。

利用感情投資

日本麥當勞社社長藤田田，著有一本暢銷書——《我是最會賺錢的人物》。在書中，他將他所有的投資分類研究回報率，發現感情投資在所有投資中，花費最少，回報率最高。

在經營和管理方面，藤田田非常善於感情投資。他每年支付鉅資給醫院，作為保留病床的基金，當職員或家屬生病、發生意外，可立刻住院接受治療，即使在星期天有了急病，也能馬上送入指定的醫院，避免在多次轉院中因來不及施救而喪命。有人曾問藤田田，如果他的員工幾年不生病，那這筆錢豈不是白花了？藤田田回答：「只要能讓職員安心工作，對麥當勞來說就不吃虧了。」

在管理企業方面，騰田田善於投資感情，進而使員工願意忠心耿耿的為他工作，創造價值。這就是一個商人所具備的出色的經營能力。

人人都有愛的需要，感情投資正是透過滿足別人人性的需要、感情的饑渴而進行投資，是迎合人內心的渴盼，因而也就是一種是最最有效的投資。不論是在管理方面，還是在經營方面，任何一位想要致富的商人，如果不懂感情投資，一定很難成功。

利用感情投資

「致富學習老乾媽，看準機會緊緊抓，腦要機靈手要勤，條件再差也能發。」這是有人在聽過「老乾媽」品牌的創始人陶華碧的創業經歷之後總結出的幾句詩。

很難相信，陶碧華這個大字不識的農村婦女，居然能白手起家，6年的努力創下了億萬資產，成為中國私營企業五十強的第五位。

可能許多人不知道陶碧華，但提起「老乾媽麻辣醬」，幾乎是家喻戶曉，人盡皆知。陶華碧就是打工者們幾乎天天必吃的「老乾媽麻辣醬」的發明人，是生產這種食菜的大企業的董事長。

由於家裡窮，陶華碧從小到大沒讀過一天書。為了生存，她很小就出去打工和擺地攤。一九八九年，陶華碧用省吃儉用積蓄下來的一點錢，用四處撿來的磚頭蓋起了一間房子，開了個簡陋的餐廳，取名「實惠餐廳」，專賣涼粉和涼麵。當時，她特地製作了麻辣醬，作為拌涼粉的一種佐料，結果生意非常興隆。偶然有一次，小店裡賣完了麻辣醬，顧客轉身就走，不在那裡吃飯了，她這才發現自己做的麻辣醬竟然有那麼大的吸引力。

陶華碧想，有人喜歡就有生意，就能賺錢。況且土產麻辣醬自己駕輕就熟，投資成本也不高。於是，她認準這條路，著手創業。由此開始，她開始精心研製麻辣醬。經過幾年的反覆測試，她製作的麻辣醬風味更加獨特。

一九九七年八月，陶華碧在貴州貴陽掛出了「貴陽南明老乾媽風味食品有限責任公司」的牌子，工人一下子增加到兩百多人。然而，面對著搭好架子的企業，陶碧華卻不知道該如何管理。

雖然沒有高學歷，但陶華碧明白這樣一個道理：幫一個人，感動一群人；關心一群人，肯定能感動整個團體。果然，這種親情化的「感情投資」，使陶華碧的「老乾媽」公司凝聚力一直只增不減。在員工的心目中，陶華碧就像自己的媽媽一樣可親、可愛、可敬；在公司裡，沒有人叫她董事長，全都叫她「老乾媽」。

到了二〇〇〇年底，「老乾媽」公司迅速壯大，發展到一千兩百名員工，產值近三億人民幣，上繳國家稅收四千三百一十五萬人民幣。如今，「老乾媽」公司累計產值已達十三億人民幣，每年納稅一億八千萬人民幣，名列中國同類企業的前茅。

「老乾媽」的成功，就是靠感情投資挖掘企業潛力，如同其他成功企業一樣，陶華碧以母親般的關愛凝聚全體員工，讓大家共用企業成果，一改企業初創時僅靠幾個人苦幹、巧幹，甚至有一點蠻幹的狀況，使大家擰成了一股繩。這正符合了現代企業管理的企業文化建設原則。

企業的經營活動是以有目的、有感情的「人」的活動為基礎的。隨著人類社會文明程度的進步，感情需要正逐漸超越物質需要，成為人們追求的主要目標。我們這裡所說的感情投資，實際核心就是經營理念中所宣導的情感經營。情感經營體現在企業內部，屬於企業文化範疇，而放在企業外部，則表現為該企業的形象或公共關係。許多經濟學家在研究日本戰後經濟奇蹟時，都不約而同的發現一個普遍現象，那就是日本企業之所以成功，固然與他們的資金、設備、技術等因素有關，但最重要的是根植於企業員工中的獨特的指示、精神和凝聚力，或者說是企業文化，而感情投資則是企業文化的重要內涵。

日本的很多企業和商人就非常注重感情投資，他們不僅捨得解囊，而且善用時機。像日本三菱公司，每年都會向美國麻省理工學院捐贈數萬美元；日立公司也為史丹佛大學捐款數萬美元。多家日本企業每年都各拿出數萬美元作為各個大學基金會的會費。當然，這些支出也使日本人得到了巨大的報償，三菱公司可以使用麻省理工學院的研究設施和成果，大學基金會會員也享有得到未發表論文和接觸實驗設施的權力。

因此，美國人所取得的一些理論突破和重大發明，往往都由日本人首先付諸使用。日本商人正是透過高明的經營技巧，獲得企業的成功。

以品質和服務取勝

在經營企業過程中，以產品的品質和服務占領市場，是一種較常見的經營方式。但是，要做好這點並不容易。一個成功的商人，不僅要能支撐起一個企業，更要讓自己的產品品質和服務與眾不同。品質與服務是一家企業的生命所繫，將品質與服務融入產品，就能獲得蓬勃旺盛的生機和無限廣闊的市場，進而贏得顧客的青睞。

瑞士手錶馳名中外，而他們的經營模式也別具一格。

瑞士人為了使自己的新式手錶引起顧客的注意，他們在「摔」字上大做文章。決策者們經過反覆商討後，決定做一次空投手錶的活動，讓手錶從飛機上摔下來，誰拿到這塊手錶，就歸誰所有。結果廣告一推出，公眾大為震動，都引頸期盼空投日期。

空投時間終於到了。

一個晴空萬里的中午，當地幾十萬人未吃午餐便紛紛湧進了空投範圍。十二點三十分，一架民用直升飛機在城市上空盤旋，並時高時低的做著空中表演。隨後，工作人員從飛機上投下一巨幅新型手錶的標語及圖案廣告。半個小時後，直升飛機猝然離去。這時，沉湎於觀看表演的人們才如夢初醒，東跑西奔尋金錶。

一點十六分時，電台、電視台播出報導，金錶已被一個小女孩撿走。而令人們驚奇的是，金錶從高空落下後，完好無損，指針及行走等一切都正常。瑞士人的這一摔，掀起了一股搶購新型瑞士錶的浪潮。一時間，紳士、淑女們都以戴這種新式錶為時髦。

在經營過程中，不管你以何種方式去銷售產品，抓住顧客，都不要忘記，顧客是關心、看重的，還是產品的品質。如果你的企業想在市場上長期立足，那麼必須不斷提高產品品質，才能樹立起自己的品牌，抓住顧客的心。

除了品質以外，服務也是不可缺少的經營方式。服務就是第二次競爭。現代經營不只是出售商品，同時更是「出售」溫馨感覺、愉快體驗和優良服務。

據有關經濟學家說，未來競爭中的關鍵，不僅在於生產、銷售什麼產品，而在於能提供多少附加值及提供什麼樣的精心服務。這就是當今世界興起的第二次競爭。眾多企業紛紛將銷售的重心從產品本身轉移到銷售過程中的服務上來，使顧客買得稱心如意，進而提高市場占有率。

臺灣「經營之神」王永慶經商之初曾在嘉義開了一家米店。但是，由於米店本錢少、規模小，又沒有知名度，效益很不理想，於是王永慶將目標瞄準了每個家庭。他想，如果自己能把家庭這個市場占住了，利潤就會相當豐厚了！

然而沒過多久，王永慶就發現，這種想法根本無法實現。雖然其他米店將主要精力都放在大宗批發上，但零售也是兼顧的。時間長了，嘉義的每個家庭幾乎都已經有了固定的米店供應大米，誰也不願意去光顧一個偏僻的又沒有知名度的新開小店。

剛開張的那段日子，王永慶的米店冷冷清清，顧客稀少。後來王永慶背起米袋子，挨家挨戶去推銷，也只是爭取到幾家人勉強同意試用而已。

在這種情況下，王永慶決定換個思路。他想，要招攬顧客，關鍵在於米的品質和服務。如果米的品質和服務不如別人的好，就無法留住客戶。因此，他開始在米的品質和服務上做起文章來。

那時，人們買米必須要自己到街上的米店。這種方式對顧客來說很不方便，很多時候要做飯時，才發現米吃完了。就米店來說更是完全處於被動狀態，因為只有等顧客上門來才有生意可做。

雖說這也是早已習慣了的買賣方式，但勤於思考、善於發現問題的王永慶在解決了米的品質問題後，又找到了第二個突破口——他要變被動為主動。

一天，城南的小茶館出現了這麼一幕：男男女女一群人圍著一位老大爺，聽他講近日遇到的一件新鮮事。老大爺說：「前天，我到馬路那頭巷子裡的那家小米店去買米。等我買了米剛要走，那位年輕的小掌櫃就對我說：『老大爺，我幫您把米送到家去吧。』我一聽，那敢情好啊！這麼重的一袋米，我這副老骨頭，說不準一不留神就閃了腰哩。有人幫我送米回家，真是求之不得的事！那個小掌櫃把米扛到我家，還幫我把米倒進米缸。我正要向他道謝，卻見他掏出個小本本，在上面寫了一會兒。

我問他這是幹什麼，他說是記下我那米缸的容量。接著他說：『大爺，下一次您不用親自到我們店裡來買米了。』」

老大爺說到這，停了一下。正在凝神靜聽的人堆中有人忍不住追問道：「那是為什麼呀？」

老大爺微微一笑道：「他說以後會自動把米送過來給我。他說得又誠懇又有禮，我一口答應。他還問我家裡有幾個大人，幾個小孩，大人一頓吃幾碗，小孩一頓吃幾碗，一天大概吃多少米等，問得很詳細。我把情況全告訴了他，然後就問他怎麼問得這麼仔細，你猜他怎麼說？他說：『我根據這些資料計算出府上米的用量以及這次送來的米大約能吃幾天，等這些米吃完前兩三天，我就把米送到您府上來。』」

「那麼，大爺，您有沒有問他叫什麼名字？」

「問啦。他說他叫王永慶，今年才十六歲。真是後生可畏啊！」老大爺說完，就自言自語的離開了小茶館，而王永慶這個陌生的名字和他的所作所為，卻成了人們談論的熱門話題。

就這樣，王永慶在米的品質以及服務上找到了突破口，使嘉義人都知道馬路盡頭的巷子裡，有一個賣米賣到顧客家裡去的王永慶。

此後，王永慶不斷在米的品質和服務上的創新，在嘉義二十多家米店中可謂獨樹一幟，吸引了不少顧客。大家都說王永慶米店出售的米品質好、服務周到、信用第一。於是，一傳十、十傳百，整個嘉義城都知道了王永慶，他的生意也越做越紅火。

顧客是企業的生命之泉，企業必須以提供高品質的服務來滿足或超過現有的、新的顧客的要求和願望。在許多高品質的商品面前，顧客追求的就是稱心如意的服務，甚至有人把買東西過程中因服務方面保持的良好心情看得比產品本身還重要。因此，不重視服務品質的公司，必將被淘汰。

現代的經營，所出售的已經不只是商品了，更是在「出售」溫馨美好的感覺、輕鬆愉快的體驗以及對未來的信心和憧憬。優良服務可以建立顧客對企業的信心和信任，經營者如果只注重商品本身，忽視了服務，那無異於放棄市場，放棄唾手可得的財富。

誠信是最好的招牌

作為一個商人，最值錢的東西是什麼？每個人所處的立場不同，因此答案也因人而異，但有一點幾乎是必須具備的，那就是誠信。

一個頂級商人，一個超級富翁，往往也是一個守信譽的人。信譽是一種資本，而且是一種「金不換」的資本。有了這個資本，你才可以取信於銀行，取信於客戶，取信於自己的員工，甚至取信於你的競爭對手。做生意和做人一樣，是一個永無止境賺信譽的過程。松下電器與銀行打交道的事實就充分說明了信譽的重要性。

松下電器公司一九二七年開始和住友銀行有業務往來。之前，松下和另外一家銀行合作得比較順利，按理說是不會和住友銀行再往來的。但當時由於住友銀行的一位職員熱心說服，松下被他說動，才開始合作的。

雖然有開始往來的意願，不過松下提出了一個條件，那就是，能否在開始往來之前先約定，給松下公司兩萬元以內的無條件貸款。如果可以的話，就和該銀行進行業務往來。

銀行職員認為，願意開戶往來的先決條件是只要開始往來就可充分的融通。因此，他要求先往來，而松下則認為應該先約定可以貸款。松下的這個要求使銀行職員很傷腦筋，只好回去徵求分行經理的意見。

松下認為，銀行之所以要跟自己的企業往來，是基於他們認為松下電器有前途，可以繼續成長、發展，所以勸松下公司跟他們往來。因此，相對的，他們也應將信用貸款這件事體現在實際行動上。如果不能體現在實際行動上，銀行對松下公司的信用，就不過只是嘴上講講而已，在松下看來，沒有任何合作的必要。

四、五天後，住友銀行的職員又來了。他說分行經理非常希望松下公司先和住友銀行往來，至於貸款這件事情，在開始往來三、四個月之後，一定可以實現。然而松下覺得這跟上次講的話沒有區別，因此又將自己的想法解釋了一遍。松下對這個銀行職員說：「銀行的立場我非常明白，可是現在完全是信用問題。貴銀行要和我們往來，就說明貴銀行相信敝公司的信用。既然相信，那麼在開始往來之前做貸款約定，或者在開始往來之後貸款給我們，是完全一樣的。如果不能接受這個條件，不就等於沒有辦法真正相信松下電器公司嗎?所以我希望貴銀行再一次徹底的調查松下電器公司，重新調查之後，如果滿意的話，只要約定將來可以貸款就夠了。請你跟你們的分行經理好好商量，由我跟你們的經理見一次面也可以。」

這個銀行職員回去沒多久就打電話過來，說分行經理想跟松下先生見一次面。

松下到了這家銀行，重新闡明了自己的觀點：「交易這事，不管是大是小，都必須有信用才能達成。就以現在來說，小小的松下電器公司只要認為客戶信用足夠的話，一開始就能把五十日元或一萬日元的產品借給他們。住友銀行是個大銀行，不能約定將來貸款，是不可能的。如果不能約定，等於沒有真正信任我們。如果真是這樣的話，我們就沒有往來的必要了。」

這位經理靜靜的聽松下說完話，點點頭說：「我非常明白，但這不是我一個人能夠決定的，讓我們再好好的調查一次」。

於是這件事情逐漸具體化，慢慢有了進展。緊接著住友銀行對松下電器做了調查，分行經理也到處奔走，在兩萬元無條件約定貸款之下，一九二七年，松下電器公司開始了和住友銀行的往來。

在與住友銀行開始往來之後兩個月，銀行發生了周轉不靈的恐慌，接著蔓延到全日本。松下原來往來的那一家銀行開始不兌款了，松下公司陷入了困境。但是因和住友銀行有過無條件貸款的約定，松下電器公司順利的度過了這次難關。從此松下電器公司和住友銀行維持長久的「一行主義」，為彼此的發展都打下了堅實的基礎。而他們合作的橋梁就是兩個字「信用」。

招牌代表著特色，更代表著一家企業的信譽。不論在生活上還是工作中，一個商人的信譽越好，就越能夠成功的打開局面，將生意做好。

機會總是照顧那些說話算數的人，食言是最不好的習慣。如果經常在他人面前失去信譽，身為商人就無法取得他人的信任，當然也不可能在經商之路上有所突破。

亮出你的特色旗幟

「沒有特色別開店」，這句話在商場是很流行的說法。現在是市場經濟，產品相對過剩，可挑選的餘地越來越大。如果你所經營的產品沒有特色，沒有辦法抓住顧客的地方，想真正生存下來，是很難的。因此，我們提倡特色經營。

特色經營作為一種經營策略，應該全方位地持續不斷的去創造屬於自己的特色，包括思路特色、管理特色、時代特色、功能特色、產品特色、品質特色、價格特色、服務特色、宣傳特色等等，最終形成企業個性形象，獲得相對競爭優勢。

就拿經營比薩來說，在西方許多國家這並不算什麼新業務。但美國密西根城兩個名叫莫納漢的愛爾蘭兄弟，卻能以其獨創性創造了比薩熱銷的神話，甚至從此在美國餐飲業掀起了一場革命。

當年，這兩兄弟不顧傾家蕩產，從義大利人手裡買下了達美樂比薩店。面對眾多同類商店的競爭，他們獨創了自己的經營方法，那就是：如果你不來找達美樂，達美樂就會來找你！在你撥通電話的三十分鐘之內，熱氣騰騰的比薩就會送到你的手上。這種獨特的經營方式的確征服了注重效率的美國人。

就是這一簡單的方法，使莫納漢兄弟大發橫財。現在，他們在全世界已擁有五千多家比薩連鎖店，年收入可達五十億美元。他們的發跡史更成了美國經營管理專業院校最著迷的研究課題之一，他們的經營理念和方法也開始得到許多經營者的認同。

亮出你的特色旗幟

亨利．霍金士將一個鄉下的醃菜店，發展成了一個國際知名的食品加工製造企業，靠的也是特色二字。

為了時常調換消費者的口味，不讓他們有吃膩了的感覺，要不斷動腦筋創造新口味的產品，來刺激市場的需求。霍金士在這方面就是個大行家。

「我要讓所有口味不同的人，都有他們喜歡吃的食品。」這是霍金士的豪言壯語。為達到這一目標，他經營的主要方針，一直都是「力求產品多樣性」。迎合大眾口味的產品固然需要生產，而適應特殊口味的產品更要生產。

這看起來有點像「賠錢也做的生意經」，因此亨利公司的高級職員大多都反對。但幾十年來，霍金士始終未受這些反對意見左右，為該公司貨色齊全的「金字招牌」奠定下良好的基礎。

據統計，現在亨利公司的產品種類已超過六百種，雖然不能說已把握了所有消費者的愛好，但對人們口味的適應已達到齊全的境地。不管你喜歡何種口味，在那裡你都能找到一兩種你喜歡吃的東西。

常言道：「花不鮮豔不美，店無特色不活。」經商做生意，重要的就是要有自己的特色，不能只跟在別人的後面走，不能只學別人的表面，否則，你的競爭力又在哪裡呢？不論是辦工廠，還是開商店，首先要明確的就是，你的特色在哪裡。這是你參與市場競爭的最大資本。

在臺灣新華牛排西餐廳中，人們常常會瞥見鄰座的客人雙眼緊盯著桌上的碗碟，似乎在從上面尋找著什麼。

原來，他們正是在店家的鼓勵下，挑剔餐具上的毛病。新華餐廳的老闆為了避免因器皿缺損而造成藏汙納垢和不雅觀的現象，不僅要求企業員工自身加強對餐具的管理，還歡迎顧客「吹毛求疵」，加以監督。老闆規定，只要客人發現碗碟上有一個缺口，馬上就可以要求退款一百元。當然，來此就餐的顧客並非真正是為了那一百元的退款才檢驗餐具的，只是藉此來證實餐廳的服務品質和水準。這種經營，無論是挑出毛病，還是沒挑出毛病，都會成為該餐廳的「回頭客」。

產品沒有特色沒有銷路，店鋪沒有特色沒有生意。如果你想成為市場競爭中的贏家，那就一定要認真做好特色文章。以特色吸引顧客，以特色拓展市場，以特色贏得財富。

利用媒體聲勢

在當代資訊社會，新聞媒體每天都在以其快速的傳遞資訊、廣泛的發布新聞，顯示出其強大的影響力。早晨看報，晚上看新聞，已經成為人們生活中的一部分，而對於市場經營者來說，巧妙的利用各種媒體的影響力，增加產品和企業的知名度，是一個既簡單又有效的方法。如果你細心揣摸就會發現，當今人們婦孺皆知的產品，耳熟能詳的企業，無一不是透過媒體宣傳出來的。不善於借用媒體力量，甚至與媒體對立的企業，要成功，是有很大困難的。

美國的一家碳化鈣公司正在為產品銷路煩惱時，有一天，一大群鴿子飛進了該公司總部大樓的一間空房裡，結果鴿糞、羽毛遍地狼藉。當時有人想將牠們趕走，但是，該公司的老闆卻下令關閉門窗，不讓一隻鴿子飛走。隨後他便打電話通知「動物保護委員會」派人來救援，並電告新聞機構：

該公司總部大樓將發生一樁有趣而又有意義的保護鴿子「事件」。

聽到這個消息，新聞界立刻被驚動了，紛紛派記者到現場報導。結果這些鴿子三天才被捕救完畢，新聞界也跟著做了三天一系列繪聲繪色的報導。該公司老闆充分利用在螢幕上亮相的機會，向公眾介紹了公司的宗旨與情況。就這樣，一分錢沒有花，便樹立起公司關心公益的形象和令人豔羨的知名度了，公司的生意也立刻開始好轉。

借用媒體的作用，並不只是簡單的在媒體上打廣告，做宣傳，而是需要巧妙的運用媒體的新聞效應，透過「製造」或者「宣揚」某件與企業有關的新聞事件或新聞輿論，進而吸引觀眾和讀者的注意力，而吸引觀眾和讀者，實際上也就是在吸引你的顧客。

一九五〇年代，法國白蘭地公司為了打入美國市場，經周密策劃，決定借助法美人民的情誼大做文章，時間選定在美國總統艾森豪六十七歲壽辰時。為此，他們透過不同媒介向美國人民宣布下列消息：

法國人民為了表達對美國總統的友好感情，特選贈兩桶極為名貴的、釀造已達六十七年之久的白蘭地酒為賀禮，賀禮將由專機直接送抵美國，白蘭地公司為此支付巨額的保險費用；總統壽辰之日，將舉行隆重的贈酒儀式，穿著宮廷侍衛服飾的法國人將把名酒抬入白宮，獻給總統。裝白蘭地的酒桶是法國著名藝術大師的精心傑作……

為此，美國各大報刊、電台也連篇報導，進而抓住了千百萬人的心。為美國總統運兩桶白蘭地酒的傳說，立即成了華盛頓市場的熱門話題。

名酒運抵華盛頓當天，機場通往白宮的沿途街道上，到處都擠滿了觀眾，國內所有報刊對贈酒儀式的報導幾乎覆蓋了頭版的版面。就這樣，法國白蘭地酒在轟動的氣氛中，擠掉了所有競爭對手，大搖大擺、昂首闊步的走上了美國的國宴及市民的餐桌。

在許多時候，新聞效應比廣告效應影響更大，作用更強，而花費卻又很少。當然，製造新聞效應也不是一件簡單的事情，要讓新聞傳媒心甘情願的圍著你轉，必須要有真正的新聞才可以。否則，媒體怎麼會隨便被你利用呢？這就需要我們認真研究，巧妙創意。只有你挖掘或者製造出了真正的新聞，才可以調動媒體來為你的經營捧場。

努力挽回敗局

美國的傑弗利．泰蒙斯在其所著的《經營者的頭腦》一書中說，商人不會被失敗嚇倒，因為他們在困境中發現了機會，而大部分人看到的只是障礙。

作為一個商人，在創業過程中肯定會面臨各種困難，這就需要商人勇於承受失敗，並把失敗化為再次奮起的動力，挽回敗局。如果因為一兩次失敗，就心灰意冷而放棄，那根本就不是經營。

「柯達」和「富士」是世界上最有影響的兩大底片底片公司。在一九八四年的洛杉磯奧運會上，兩大公司都想成為贊助單位。但是，組委會規定只能有一家贊助，於是「柯達」和「富士」展開了激烈的競爭。

最初，「柯達」仗著自己是美國公司，想在贊助費上與奧組委討價還價，因此洽談了半年也沒有達成協議。而日本「富士」公司一開口就願意出七百萬美元的贊助費，結果組委會決定將洛杉磯奧運會的底片供應權給予富士公司，並於一九八一年年底簽訂正式協定。

這一消息傳到美國「柯達」公司後，「柯達」決心要不惜一切代價挽回敗局。於是，他們託人到奧組委去要求，「富士」給多少錢，「柯達」就給多少，而且可以給得更多。但組委會已與「富士」簽約，是具有法律效力的。最後，組委會想了個辦法，同意「柯達」公司在奧運會賽場上豎立一塊「柯達」的看板。組委會考慮得也很周到，豎「柯達」看板一事也先徵求「富士」公司的意見。此時，「富士」公司自認為贊助權已經拿到手，根本不用擔心其他的，所以就同意了。

誰知一塊看板竟使「柯達」反敗為勝。原來，奧運賽場上也有「富士」的一塊看板，畫面是日本最著名的富士山雪景。而在它旁邊的「柯達」看板，尺寸卻比「富士」的高出五分之一，下面五分之四同「富士」的看板畫面一模一樣，而多出來的五分之一處，畫了一個卡通畫面，一個孩子將身子探出飛機窗外，正在拍攝富士山呢！看板上還寫著：「最最完美逼真的惟有柯達。」就這樣，「柯達」公司反敗為勝，在被動中爭得主動。

戰場上沒有常勝將軍，在市場競爭中，更不可能次次順利，事事成功，有時出現失誤也很正常，甚至出現失利、失敗。無論是失誤，還是失利與失敗，都並不可怕，因為只要我們及時找出失敗的原因，從中吸取教訓，並採取恰當的行動，還完全可以挽回敗局，反敗為勝。

二十世紀初期，派克公司以生產鋼筆盛譽國內外。不料，匈牙利人拜羅兄弟發明了原子筆，因其實用、方便、價廉，竟然打破了派克公司一統市場的局面。

就在派克公司幾乎瀕於破產的時候，著名企業家馬科利收購了派克公司。馬科利接手這個瀕臨破產的企業後，經過仔細思考，發現派克鋼筆在與原子筆的市場爭奪戰中之所以失利，是由於不能以己之長攻人之短，而是以己之短，對人所長，所以肯定是必敗無疑。因此，他果斷的決定：針對原子筆大眾化的特點，派克鋼筆要重新包裝成高雅、精美和耐用的新形象。

為此，馬科利採取了新的措施，一方面削減派克鋼筆的產量，提高製作品質，價格提高百分之三十；另一方面增加廣告預算，將使用派克鋼筆作為具備某種社會地位的象徵，使派克鋼筆躋身於高貴精品之列。

而後，馬科利煞費心機，讓派克鋼筆獲得了英國女王伊利莎白的喜愛。結果派克筆身價陡漲，馬科利則趁機再次提高了鋼筆的售價。這樣，以實用為標誌的老派克鋼筆不存在了，而以炫耀、裝飾為標誌的新派克鋼筆卻由此獲得了新生。

我們都知道，失敗不是好事，但在市場競爭中，不管我們怎樣小心翼翼，怎樣苦心經營，總有失誤的可能，總有失敗的時候。而一旦遭到失敗，只是悔恨、洩氣是無濟於事的，重要的是如何行動，以挽回敗局。如果失敗後我們即心灰意懶，那麼此時的小失敗，也會變成永久的失敗。實際上，許多時候我們遇到的所謂失敗或失利，都是完全可以挽回的，甚至是完全可以反敗為勝的。

地產大亨李嘉誠總結自己在事業上的成功經驗時認為，他成功的一個重要經驗，就是化壓力為動力，視失敗為轉機。其實，任何失敗的局面都並非靜止不變，只要我們能正視失敗，不甘落後，又能從失敗中吸取教訓，尋找繼續努力的方向和方法，就一定可以挽回敗局。

經營備忘錄：

NO.1 能夠引導消費的商人，一般都能生產出非凡的產品。

NO.2 盲目經營，往往會導致失敗。

NO.3 感情投資在所有投資中，花費最少，回報率最高。

NO.4 品質和服務是企業發展的生命。

NO.5 一個優秀的富翁，常常也是一位信義之人。

NO.6 不要小看了媒體，它是你的「搖錢樹」。

本節測試：你是否具備經營能力？

為了大致了解你在經營方面的才能，下列問題請回答「是」或「不是」，並將分數記下來。雖然這一測試並不完備，但它至少能為你做出重要的指導。

1.你當學生時是優等生嗎？

令人驚奇的是，幾乎很少經營者將自己列入讀書時代的「資優生」，而三分之二的公司職員卻是學校的優等生。其他一些研究也顯示了相同的結果。

如果你的答案是「是」減4分，回答「不是」則加4分。

2.你讀書時熱衷於團隊活動嗎？如參加俱樂部、體育運動隊，甚至同時參加兩項活動等。如果你不喜歡參加團體活動，別擔心，因為百分之六十七的經營者說他們做學生時都不是各種團隊活動的積極分子，而百分之九十二的非經營者卻熱衷於團體活動。

如果你回答「是」減1分，回答「不是」加1分。

3.兒童時代，你常常喜歡一個人獨處嗎？

結果表明，百分之三十七的經營者年少時更喜歡獨來獨往，而百分之八十五的非經營者交際頻繁。

如果你回答「是」加1分，回答「不是」減1分。

4.你小時當過報童去挨家挨戶送報紙，或者幹過其他類似的工作嗎？

從小經商預示著未來成功的可能性很大。將近百分之八十的經營者少年時代都或多或少的做過生意，相對來說，只有百分之三十一的非經營者這麼做過。

如果你回答「是」加2分，回答「不是」減2分。

5.你小時候是個執著的孩子嗎？

堅韌不拔、持之以恆是絕大多數成功經營者的特徵。這使得他們能夠按照自己的意志去做任何事情。承認小時候固執、倔強的經營者人數幾乎是非經營者的三倍。

如果你的答案是「是」加1分，如果是「不是」減1分。

6.你曾是個小心謹慎的孩子嗎？在左鄰右舍中，你是最後一名嘗試高台跳水運動的嗎？

如果你從小就不願意冒險，這也許是你將來做生意時很不利的因素。百分之九十的經營者認為他們曾是勇敢的少年，非經營者當中，只有百分之十五的人認為自己大膽。

如果你回答「是」減4分，回答「不是」加4分。如果你小時候尤其膽大，再加4分。

7.你常為別人怎樣看待你而感到憂心忡忡嗎？

經營者們常常認為，不管別人怎麼說，他們都有信心堅持走不同的路。有百分之五十的經營者不在乎別人怎樣評價他們，而只有百分之八的非經營者能做到這一點。在這一項測試中，經營者表達了比非經營者更加需要獨立自主的強烈願望。

如果你認為他人的議論對你至關重要，減1分，否則加1分。

8.對一成不變的常規慣例，你常常感到厭煩嗎？

厭煩常常激發人們的進取心，百分之六十一的經營者將「渴望變革」作為他們自己創業的一個因素。在許多情況下，挫折是他們走上經營的主要動力。

如果你覺得改變常規很重要，加2分；如果不是，減2分。

9.你很願意拿出你的大部分資金，在有可能損失所有投資的情況下，單獨從事經營嗎？

絕大多數成功的經營者願意拿出自己的大部分資金興辦企業，而僅僅一半的非經營者說他們願意冒這麼大風險。

如果回答「是」加2分，回答「不是」減2分。

10.如果你新開張的公司虧本了，你會馬上再重整旗鼓興辦一個嗎？

有百分之九十四的成功經營者回答是肯定的，而僅有百分之八的職員這麼做。「真正的經營者不會被失敗所嚇倒，他們在困境中發現了機會，而大部分人看到的只是障礙」。

如果你與上述描述相符，加4分，如果不符，減4分。

11.你是個樂觀者嗎？

作為一名經營者，具備積極的態度至關重要。

如果你覺得自己是個樂天派，加2分，如果不是，減2分。

經營能力測試結果分析：

現在來看看你的結果：

20分以上，說明你在經營方面具有較強的能力，具有經營特長，如從事經營工作，成功機率較高。

0～19分之間，說明你有一定的經營能力，如從事經營工作，也有可能獲得成功。注意，這裡用了「可能」兩字。可能性的大小，就看你的努力程度了。

10～0分之間，說明你基本上不具有經營能力，如從事經營工作，成功的機率很小。

在11分以下，表明你的特長在其他方面，最好不要從事經營工作。這是對於一般情況而言，當然也不排除特殊情況，自測分數很低，卻在經營方面獲得了成功。

第十二課 思考能力 & 成功只在一念之差

努力挽回敗局

第十二課　思考能力&成功只在一念之差

在財富時代，一定要善於思考。人的想像力太偉大了，美國奇異電氣公司前總裁傑克·威爾許說過：「有想法就是英雄」。賺錢始於想法，富翁的錢都是「想」出來的！

有想法就是英雄

賺大錢的人與你最大的差別，就在於他與你的思維不同。賺錢靠努力，而賺大錢則是靠正確的策略與方法，正因為如此，思考就是一切正確的策略與方法的起源。也就是說，如果你要成功致富的話，就要去花時間思考一些有效的致富策略。

什麼是思考？思考就是問與答的過程。

賺大錢的人之所以做得比你好，比你有效率，就是因為他善於向自己提出問題。一天，著名成功學家拿破崙．希爾拜訪了美國鋼鐵大王安德魯．卡內基。卡內基告訴希爾：我的最大財富不是金錢，而在我的哲學當中。我一生的基本哲學就是：「人生中任何有價值的東西，都值得為它而勞動。」

卡內基就是憑這點，從一個貧窮的蘇格蘭移民的孩子最終變成美國最富有的人的。而希爾在二十年間訪問美國最負盛名的五百位成功人士後，又將這一哲學具體化為：「一切的成就，一切的財富，都始於一個意念。」他解釋說：「意念就是實物，當你有固定的目標，不移的毅力和熾熱的願望去追求成功時，你的念頭是會轉化為物質的。」為此，他提出了成功法則的第一條：擁有一個積極進取的人生態度！

許多年前的一個晚上，美國成功學大師克里曼．斯通在墨西哥城訪問法蘭克和克勞迪婭夫婦。克勞迪婭談到：「我盼望我們在加丁區能夠有一間房子。」（加丁區是這個美麗的城市中最令人嚮

往的地方)

斯通問：「你們為什麼還沒有呢？」

法蘭克哭了，答道：「我們沒有這筆錢。」

斯通說：「如果你知道你想要什麼，窮有什麼關係呢？」

法蘭克沒有回答。

斯通又提出一個問題：「順便問一下，你是否讀過激勵人的意志的書，例如《思考致富》、《積極思考的力量》、《你的內在力量》、《信心的魔力》等等？」

他們回答：「沒有。」

於是斯通就告訴他們一些人的經歷：這些人知道他們想要什麼，知道如何思考，而且還讀了一些勵志書，聽從書中的意見，然後行動。邁出第一步後，他們繼續堅持努力，最終獲得了他們所追求的東西。

斯通還告訴法蘭克夫婦幾年前他自己的情況：用首次付款為一千五百美元的分期付款，購買了一所價值一百二十萬美元的新房子以及如何按期付清了房款。斯通送給了他們一本他所推薦的書。

法蘭克和克勞迪婭下定了決心。當年的十二月，當斯通正在家中休息時，接到了克勞迪婭打來的電話。她說：「我們剛從墨西哥城來到美國，法蘭克和我所要做的第一件事就是感謝你。」

斯通感到詫異：「感謝我，為什麼？」

「我們感謝你，因為我們在加丁區買了一間新房子。」

幾天後在請斯通吃飯時，克勞迪婭解釋說：「在一個星期六的傍晚，法蘭克和我正在家裡休息，有幾位從美國來的朋友打電話來，要我們用汽車將他們送到加丁區去。恰好那個時候我們很累，法蘭克就想拒絕了，但是書上的一句話突然閃現於他心中：『邁出第一步』。於是，我們接受了他們的要求，用汽車將他們送到了那裡。當我們看到這人造的天堂時，我們看見了自己夢寐以求的房子，甚至還有我們所渴望的游泳池。於是我們買了它。」

法蘭克說：「你可能很想知道，雖然這個房產的價值超過五十萬比索，而我們的存款只有五千比索，但我們住在加丁區新居的費用比住在舊居的費用還要少些。」

「為什麼呢？」

「因為我們買了一間兩房的房子，它們在財產上相當於一間房子。我們將其中的一間套房租了出去，那套間的租金足夠我們償付整個房產的分期付款了。」

這個故事並不十分驚人，一個家庭買了兩個套房的房子，出租一間套房，自住另一間套房，這是很普通的事情。然而，讓人吃驚的是，一個沒有經驗的人，只要善於思考，弄懂並應用一些成功的理財原則，然後付諸行動，他就能輕易的得到他所想要的東西。

世界第一潛能大師安東尼．羅賓，在他公司陷入財務危機時，不但沒有宣布公司倒閉，反而還向自己問了一個問題：「我如何才能做到一天二十四小時的服務？」

對這個問題，最後他想出來了一個方法，就是製作一套自學課程，讓電視每天透過廣告來銷售。因而他成了世界上收入最高的訓練演說家。

由此可見，大部分人之所以沒有致富，根本原因不在他們笨，而是因為他們不願好好思考，也不會做正確的思考。有位記者曾問年輕的微軟公司總裁比爾．蓋茲：「你成為當今全美首富，個人資產高達五百五十億美元，成功的主要經驗是什麼？」比爾．蓋茲十分明確的回答說：「一是勤奮工作，二是刻苦思考。」成功學大師拿破崙．希爾在《思考致富》一書中也說，如果你想變富，你需要思考，獨立思考而不是盲從他人。富人最大的一項資產，就是他們擁有與他人不同的思考方式。

利於大腦這個最有用的資產

億萬富翁亨利．福特說：「思考是世上最艱苦的工作，所以很少有人願意從事它。你的頭腦是你最有用的資產，但如果使用不當，它會是你最大的負債。」

網易創始人丁磊目前以擁有八億兩千六百萬美元的財富總額。丁磊的聰明自於早期教育的模仿。五歲的時候，他就對著電視學英語（《走遍美國》），那其實是對照書中插圖看電視。但其父遠洋回家後，發現他已經會識二十六個英文字母了。

丁磊從小喜歡無線電，基本上是受到了父親的影響。因此，他認為自己將來最驕傲的職業，就是成為一個電子或者電氣工程師。所以在聯考的時候，他填報了成都電子科技大學。

大學四年，丁磊最大的收穫就是學會了思考。從大學的第二學期開始，他的第一節課一律不去上，因為他很困惑，難道書本上的知識一定要老師教才會嗎？同時，他覺得眼睛還沒睜開就去聽課效率一定不好。

因為沒有聽第一堂課，又不得不做作業，所以他需要很努力的去看老師上一堂講的東西，很努力的去思考老師想傳達什麼樣的消息。在這個過程中，丁磊很快掌握了一種重要的技巧，那就是思考的技巧，這對他以後的成功有著非常重要的幫助。直到後來，他看一門功課，可以不聽別人講，完全利用自己自學。他看書速度很快，一般都從後面往前看，看到後面的關鍵字，有看不懂的，就到前面去看這個描述，一般來講在兩三個禮拜的時間內就把一門課熟悉掌握。

後來，丁磊在接觸 Internet 的時候，他才知道這種思考的能力對他是多麼重要。因為 Internet 在剛進入中國的時候，沒有人知道它是什麼樣的，也沒有一本書很系統的告訴你 Internet 的整個結構，裡面的軟體以及其他一些東西，完全靠自己的思考來學習和掌握。

一九九七年五月，丁磊創辦了網易公司。

從創業到現在，丁磊每天都在關心新的技術，密切跟蹤 Internet 新的發展。他每天工作十六個小時以上，其中有十個小時是在網路上，他的電子信箱有數十個，每天都要收到上百封電子郵件。

他認為，雖然每個人的天賦有差別，但作為一個年輕人，首先要有理想和目標。他本人就在技術方面愛動腦筋，有一點聰明之處，但如果沒有積極進取，沒有在技術方面不停的摸索和思考，也不會有熟能生巧的本領和創新的能力。

丁磊最困難的日子是二〇〇一年九月四日。這一天，網易因誤報二〇〇〇年收入，違反美國證券法而涉嫌財務欺詐，被納斯達克股市宣布從即時起暫停交易。隨後公司又出現人事震盪。丁磊經歷了無數個不眠之夜，但苦難並沒有把他壓倒。

從垃圾股到今日的中國概念「明星」，網易的轉變讓人覺得像個神話。對此，丁磊認為：自己已經從意氣風發的時期到了成熟思考的階段，因此他的心情不會隨股價的漲跌而變化，特別是他個人不會因為財富的多少影響到他的未來生活、工作及思考問題的方式。因為這些才是他成功的根本。

世界著名的成功學大師拿破崙．希爾曾著過《思考致富》一書。書中提出：為什麼是「思考」致富，而不是「努力工作」致富？高財商的人也都強調，最努力工作的人最終絕不會富有。因此如果你想變富，你就需要「思考」，獨立思考而不是盲從他人。富人最大的一項資產，就是他們的思考方式與眾不同。如果你做別人做過的事，你最終只會擁有別人擁有的東西。而對大部分人來說，他們擁有的是多年的辛苦工作，高額的稅收和終生的債務。

自己是自己最大的敵人

在商場上，很多商人往往覺得周圍都是與自己競爭的敵人。然而實際上，與你競爭的最大敵人，並不是外界的其他人，而是你自己。不少商人一生叱吒風雲，所向無敵，可最後自己的事業和江山卻毀敗在自己的手裡。人們常說，自己是自己最大的敵人。看來這句話還是有道理的。

熱愛體育運動的大多數朋友都知道，耐吉、Reebok、愛迪達都是世界比較知名的體育用品公司。其中以美國著名職業籃球運動員喬丹為形象代言人的耐吉耐吉公司，多年來一下是全壞體育用品的領頭羊。很多同行公司都曾試圖搶奪耐吉公司的霸主地位，無奈總是力不從心。鬥爭的結果往往是耐吉公司的市場占有率上升，而挑戰者卻失敗了。

一九九三年，Reebok公司研製出極受市場歡迎的氣勢鞋，在女鞋市場上超過耐吉公司，暫時一統天下。按理說，Reebok公司完全可以集中力量鞏固自己在女鞋市場上的霸主地位，與耐吉公司在體育用品市場上抗衡，進而爭奪耐吉公司的霸主地位。Reebok公司的董事長法爾曼卻獨斷專行，錯誤的估計了形勢，提出要跟耐吉公司爭奪專用體育用品和男子運動鞋市場。

雖然，當時質監部的一名經理向法爾曼提出意見，認為Reebok當時的知名度和勢力，還無法在男子運動鞋市場與耐吉抗衡，而且在新產品的設計和開發上，耐吉終歸略勝一籌。而且，由法爾曼任命的負責設計和開發工作的工程師穆勒，在能力上根本無法與耐吉公司的設計師相比。對這一點，不光是質監部經理這樣認為，其他部門的許多經理也有同感。

然而，法爾曼並沒有接受眾人的意見，依然照前計畫行事。在穆勒的一手策劃下，Reebok公司與許多著名球星簽約，包括奧蘭多魔術隊的中鋒歐尼爾和達拉斯牛仔隊的後衛埃米特．史密斯。表面上看來，這對提高Reebok公司的知名度有好處，但許多消費者認為此舉完全是步耐吉公司的後塵，一點新意也沒有。更糟糕的是，由於Reebok公司為簽約名人支付了高額的費用，進而使公司的生產成本急劇增高，管理費用在營業收入中所占的百分比由兩年前的百分之二十四上升到了百分之三十二。

危機已經顯露出來，如果此時採取果斷措施，應該說還為時不晚。公司內部有關人士紛紛提出意見，要麼辭退不切實際的穆勒，要麼順應市場的需求，開發高價位的運動鞋。遺憾的是對這兩點法爾曼都置之不理。

一九九四年，耐吉公司潛心研究多年的可視氣囊運動鞋終於問世了，儘管這種鞋定價頗高，但恰恰迎合了人們內心對高品質運動鞋的需要，所以一進軍市場就迅速火紅起來。相比之下，儘管Reebok的產品價位比耐吉低好幾十美元，卻備受冷落。

到了一九九五年，耐吉公司的市場占有率由原來的百分之三十一上升到百分之三十七，而Reebok公司則跌到不足百分之二十。

更令法爾曼痛苦的是，公司一半以上的設計人員和部分負責銷售和開發的經理也相繼離開了Reebok，其中還包括曾經深受寵幸的穆勒。

初創業時，會遭遇各種各樣的苦難，此時，創業者需要保持清醒冷靜的頭腦，謹慎思考，尋找解決問題的方法。不要以為馬不停蹄才是效率，不要認為思考就是浪費時間。獨斷專行作風常隨成功而來。智者深意「福兮禍所伏」的道理，失敗的種子往往在慶功之時撒下。如果你向來一帆風順，小心「自我膨脹症」。守成時鬆，驕狂不已，此乃商人之大忌。昔日的電腦業鉅子王安，就是因為過於固執己見，結果葬送了自己辛辛苦苦打下的家業。

一九五一年，王安創辦了一家小型電子公司，專門生產應用王安發明的磁脈衝記憶晶片的特殊電子與教學設備，即磁芯記憶體。一九五五年，王安正式將企業註冊為王安電腦公司，自己擔任總裁和財務主管。

在創業早期，王安主要從事電腦諮詢業務，並研究記憶晶片技術。一九五六年，王安將記憶晶片技術賣給了IBM公司，獲得五十萬美元的利潤，然後他用這筆錢開發設計自己的產品。

兩年後，王安成功的研製出了工程專用的數位控制裝置。此產品一上市，就被斯瓦斯公司看中，然後投資五萬美元，購買了王安電腦公司百分之二十五的股權，並投資十萬美元繼續開發。其後，王安公司先後研製出了電腦排字系統、可程式設計計算器和磁性脈衝控制儀等多項產品，為當時電腦小型化做出了很大的貢獻。

但是在當時，王安研製的產品並不為人們所知。為了推銷產品，王安透過打電話、郵寄開發訂單和上門介紹推銷等多種方式，歷經多年，最後才贏得了人們的認可。此後，王安電腦公司的業績開始突飛猛進。一九六四年銷售額達到一百萬美元，一九七〇年躍至兩千五百萬美元。進入一九八〇年代，王安公司更是勢不可擋。一九八五年，王安電腦公司的銷售收入達到了二十四億美元。

一九八二年，王安收購了美國衛星系統公司的部分股票，一九八四年兼併了英特卡姆公司，一九八五年收購了特雷諾姆公司的部分股票。王安公司的子公司遍及全球一百零三個國家和地區，員工達到三萬多人。王安的個人財產也超過了二十億美元，名列當時全美第五大富豪。

然而到了一九八五年，王安電腦公司出現了首次虧損。原因是王安執意任用他的兒子王列出任公司總裁。而王列心胸狹隘，不能容人，結果導致公司一些骨幹人員離開，公司無法正常運行。

此外，王安還固執的想與 IBM 公司一分勝負。在一九七一年，IBM 公司的銷售額就是王安電腦公司的兩百二十五倍，實力可謂雄厚無比。但王安偏偏不服氣，非要堅持生產本公司制式的電腦，堅決與 IBM 公司的產品不相容。有些客戶在使用王安電腦的同時，也在使用 IBM 的產品，兩家制式的不同，給客戶帶來了很大的困擾。當客戶向王安提出要求解決相容問題時，王安卻不肯讓步。

結果，王安失去了很多老客戶。

王安電腦公司的產品主要分為三大類：一類是資訊系統，包括VS6000初級系列、VS8000中檔系列和VS10000高檔系列；一類是辦公室2000系統，還有一類是個人電腦系統。王安最不看重的就是個人電腦系統。然而進入一九八〇年代以後，個人電腦異軍突起，成為電腦市場的主導。王安卻無視於此，繼續做他的文字處理機和中型電腦，最終導致慘敗。

一九九〇年，王安病逝，曾經是一個電腦帝國的王安電腦公司成了一個小公司，往日的輝煌終於消失殆盡。

作為決策者，有主見是應該的，但過度的執著於自己的思維就成了剛愎自用。所以說凡事都有個限度，一旦超過了限度就應了那句老話：過猶不及。

實際此時，你的敵人並不是外界那些和你「作對」的人，而恰恰是你自己，是你自己過於自負狂妄，結果自己首先就被自己打敗了，這又如何能真正在市場立足呢？

危機意識不可少

具備思考能力的商人，大多都有危機意識。他們不會被一時的成功沖昏頭腦，而是時刻保持清醒，迎接各種危機的出現。

危機意識是每一個商人必備的一種素質，成功的富翁們，常常都會對自己的企業危機有著極強的覺察能力。

第十二課 思考能力＆成功只在一念之差

危機意識不可少

什麼是危機意識？簡單的說，也就是覺察、感知危險的思維能力或警惕性。古人有「生於憂患，死於安樂」、「人無遠慮，必有近憂」等說法，說的就是危機存在的客觀性和危機意識的重要性。

由於危機的客觀存在，因此，無論是對個人還是對企業來說，危機意識都是不可缺少的。缺乏危機意識，常常會使一個成功的企業、一個出色的商人，最後走向失敗。

一九七〇年代蘋果公司創造了輝煌的銷售業績。對此，蘋果總裁賈伯斯自認已找到了成功的法寶，那就是結合革命性的科技和銷售技巧，來實現個人電腦走進千家萬戶的理想。這本身就是叛逆性和革命性的想法，因為在一九七〇年代中後期，沒有幾個人能夠擁有一台屬於自己的電腦。賈伯斯用自己的大膽和睿智，徹底改變了電腦兩個字的含義。

從這一點上看，賈伯斯有足夠的理由自豪。

多年來，電腦一直為大機構所製造。蘋果電腦的革命性意義在於它使電腦走進了平民百姓家庭。蘋果電腦在美國經濟增長緩慢的一九七〇年代末期獲得了巨大的成功，並由此開創了現代電腦產業的新局面。一百多家電腦公司雨後春筍般在紐約創建，他們都想效仿蘋果公司，實現一夜致富的美夢。

賈伯斯真實對這種局面有些擔憂，害怕激烈的市場競爭使蘋果公司面臨生存危機。但總經理麥克爾·斯科特卻不以為然，他認為只有 IBM 和 DED 值得重視，其他電腦公司根本不值得一提，因為他們沒有足夠的勢力與蘋果公司抗衡，而這兩家公司根本沒有意識到個人電腦市場的巨大潛力。斯科特預言至少要在十年之內，蘋果公司將處不敗之地。

市場情況從另一方面印證了斯科特的預測，一九七七年蘋果 II 型電腦剛一上市，就出現了供小於求的局面，很多地方出現搶購風潮。這種情況使賈伯斯完完全全接受了斯科特的說法，他把自己置身於一個假想的無競爭領域。

一九八一年，電腦業的巨人 IBM 宣布進軍個人電腦市場，而此時，市場也發生了微妙變化，許多蘋果 II 型機的用戶開始抱怨該機的種種不是。這些抱怨自然回饋到了賈伯斯的耳朵裡。一九八一年六月，蘋果公司對外宣布它將開發全新的蘋果 III 型電腦，這項消息立刻引起了公眾的熱情關注。

按蘋果公司的設想，全新的蘋果 III 型電腦將面向辦公室市場，因為，要求的運轉效率非常高。但是公司的科研人員卻報怨短期內無法研製成功，他們需要足夠的時間。到了一九八一年十一月，蘋果 III 型電腦還有五分之三的技術問題尚未解決。蘋果公司對外宣傳年底推出計畫顯然不能兌現，惟一的選擇，要麼遲後問市，要麼降低技術條件。斯科特此時錯誤的選擇了後者。

在斯科特的決策下，蘋果公司匆匆將並不成熟的蘋果 III 型電腦推向市場。而這時研製出來的蘋果 III 型電腦在許多性能方面都與蘋果公司當初的允諾相差甚遠。因此，不但此機型嚴重滯銷，蘋果公司的聲譽也一落千丈。雖然，蘋果公司後來也進行了一些補救，但是消費已經對蘋果公司深深失望了。

到了一九八三年，IBM 公司在個人電腦市場所點的市占率上升到百分之三十，而蘋果公司卻降到百分之十九。一九八五年第二季度，蘋果公司的財務首次出現赤字，金額高達一千七百萬美元，賈伯斯不得不痛苦的告別了蘋果公司，曾經的個人電腦王牌公司也隨之隕落。

任何一個危機事件，都要經歷一個從無到有，從小到大，從輕微到嚴重的累積發展過程。很多

第十二課 思考能力＆成功只在一念之差

危機意識不可少

危機之所以達到難以控制的程度，都是因為在萌芽狀態時沒有引起人們足夠的重視，而當它受到人們的關注時為時已晚。

人們常說「逆水行舟，不進則退」，生意場上更是如此。尤其是剛剛創業，由於企業競爭力薄弱，受市場和外部的衝擊影響較大，稍有不慎就可能破產倒閉。因此，在創業之初，更需要你能居安思危，千萬不可沉醉於自己暫時的成就。要時刻思索，警告自己，作為市場競爭中的弱者，隨時都有可能被競爭者蠶食鯨吞。

要做到居安思危，成功的商人懂得不斷找出自己公司的缺點，不斷改進自己的產品。有一位商人曾說：「我的公司總是不斷的淘汰自己的產品，因為我知道，如果我們自己不淘汰，別人會幫我們淘汰的，那時候我們就完了。」

有「百貨大王」之稱的上海永安百貨公司創始人郭東，時六歲時就去澳大利亞打工。在二十三歲那年，他和幾個同鄉在雪梨開了一家叫「永安水果店」的小型水果店，主要經營水果和中國的特產，由郭東擔任經理。

水果店開張後，郭東很快就發現，當地的水果市場競爭非常激烈，如何使本小利薄的小店生存和發展？郭東為此挖空了心思。後來，他說服了當地另外兩家華人水果店和「永安」聯合起來，一致對外。聯盟後的水果店，資金比原來雄厚了，在郭東的成功經營下，基本上控制了當地的水果市場。

儘管「永安」暫時占領了雪梨的水果市場，但郭東並沒有因此滿足。他清醒的看到，水果的銷售市場十分有限，前景也不樂觀。在經過詳細調查和縝密思考後，郭東向同伴們分析了形勢，認為公司如果不向其他方向發展，很難維持目前的銷售情況。在經過股東們的討論後，「永安」開始投資百貨業。

郭東首先在香港創辦了永安公司，經營各種商品。由於永安公司服務熱情周到，還專門設立了代華人辦理護照、供給食宿的「金山莊」，因此深得當地華人的信賴。當地華人不但偏愛「永安」的商品，還願意將自己的錢存在永安公司的儲蓄部。如此，永安公司便迅速的興旺發達起來了。

要想在商場中立於不敗之地，獲取財富，商人必須時刻居安思危，保持著一種危機感。自覺樹立起危機意識，積極開發市場需要的產品，主動到生意場上打一場拚搏戰，在危機中求生存，在競爭中求發展。這樣，才會在商戰中成為贏家，在商人中成為富翁。

善於思考，善於預見

成功的富翁，都是善於思考的人，他們懂得在思考中不斷完善自己，同時在思考中冷靜分析自己目前的經營狀況，找出欠缺之處，發現更多的商機，進而獲得更多的財富。

洛克菲勒在談到他的創業史時，只說了一句話：「壓倒一切的是時機。」那麼把握時機靠什麼呢？最重要的就是膽量、思考和預見能力。

石油大王洛克菲勒就是一個具有過人思維的人，當遇到麻煩時，他總是能冷靜分析，不盲目跟風，審時度勢，最後做出合理的判斷，然後決定自己如何去做。

當美國賓夕法尼亞州發現石油後，成千上萬的人像當初的淘金熱一般湧向採油區。一時間，賓夕法尼亞土地上井架林立，原油產量飛速上升。

然而，當洛克菲勒來到產油地後，眼前的一切令他觸目驚心：到處是高聳的井架、凌亂簡陋的小木屋、怪模怪樣的挖井設備與儲油罐，一片烏煙瘴氣，混亂不堪。透過表面的「繁榮」景象，他看到了盲目開採背後潛在的危機。但是憑直覺，他認為這「黑色的液體」將來會有不可估量的前途，於是他決定在石油領域好好的大幹一場。

但是，洛克菲勒沒有急著向這一行業「進軍」，而是進一步做實的考察。他每天都看報紙上的市場行情，靜靜的傾聽焦躁而又喋喋不休的石油商人的敘述，認真的做詳細的筆記，謹慎的對合夥人克拉克說：「現在還為時過早，他們只知道一個勁的抽油，而根本不考慮市場，照這樣下去，不用多久，一定會供過於求，油價一定會下跌。」

經過一段時間考察後，他開始建議商人不要在原油生產上投資，因為石油需求有限，油市的行情必定下跌，這是盲目開採的必然結果。他告誡說，要想創一番事業，必須學會等待，耐心等待是制勝的前提。

果然不出洛克菲勒所料，由於當時石油需求量過少，但是盲目開採出的石油又太多，因此造成了生產過剩，結果油價一跌再跌。那些鑽油先鋒個個損失慘重。

這個時候，洛克菲勒了解到產油地正在計畫修建鐵路，鐵路一旦修成通車，運輸費自然會減少許多。他覺得時機已經成熟，於是便找克拉克投資原油。克拉克聽了，根本不同意洛克菲勒的建議。

這時，洛克菲勒遇到了英國化學家安德魯斯。安德魯斯與克拉克是同鄉，曾經在大不列顛大學做過油母岩研究，他決心要從賓夕法尼亞州的石油寶庫中做出精煉油來。在他的說服下，安德魯斯——克拉克石油公司成立了，而克拉克只是名義上的主管人。公司成立後，洛克菲勒抓緊時機，大批購進原油，經過加工運輸到各地，他的石油生意日益發展壯大起來。

不過，洛克菲勒和克拉克之間的矛盾越來越深，很多問題無法達成共識，最後他們終於鬧翻了。他決定把公司賣掉，而由兩人中出價最高的人獨立掌管。他們都知道石油前景廣闊，在拍賣公司產權時都不肯放棄他們原來在安德魯斯——克拉克公司的股權。洛克菲勒更是確定了必勝的信心，他決定不管花多少代價，都要掌握公司的領導權。最終洛克菲勒以七萬兩千五百美元的價格使克拉克將股權讓給了自己。

二十六歲的洛克菲勒終於取得了勝利。他後來在回憶這個具有決定性意義的時刻時說：「這是我平生所做的最大決定。」從此，他把公司改名為「洛克菲勒—安德魯斯公司」，滿懷希望的做起了他的石油事業。憑著過人的思維和審時度勢的能力，他建立起了美國規模最大、銷售總額最多的煉油廠。

要想成為一名成功的經營者，一定要有過人的思維和與眾不同的預見性。在難得的重大機遇面前，細心的審時度勢，預測出市場未來的發展趨勢，大膽的做出英明正確的判斷並勇敢的實施，這樣才能抓住機會，贏得更大的發展。

思考備忘錄：

NO.1 會思考的人，才有成為富翁的可能。

NO.2 我們的大腦，是我們賺錢最有用的資產。

NO.3 要想在市場上戰勝對手，首先要戰勝自己。

NO.4 具有危機意識是每個商人必備的素質，頂級富翁常常對企業危機都有著極強的覺察能力。

本節測試：你是否具有出色的思考能力？

思考能力是人腦以概念、判斷、推理形式對事物間接性和概括性的反映，也是智力的核心部分。有錢人在創業過程中，都會時刻讓自己保持思考能力，應對隨時出現的危機。那麼，你是否也同樣具有與他們一樣的思考能力呢？請對照下列各題作出最適合你的選擇，看看你的思考能力如何。

1. 你說話是否具有條理性？

A. 是　B. 不能確定　C. 否

2. 看完一篇文章後，你是否能馬上說出文章的主題？

A. 通常能　B. 有時能　C. 不能

3. 你寫信時常常覺得不知如何表達嗎？
A. 否　B. 不確定　C. 是

4. 你是否具有積極的心態？
A. 常常是　B. 偶爾是　C. 否

5. 在上學時，你感到課程對你來說是比較輕鬆的嗎？
A. 是　B. 不確定　C. 否

6. 你是否能輕易找到一些笑話使大家開心？
A. 經常能　B. 偶爾能　C. 不能

7. 你對世界上很多事物及活動規律看得是否比較透徹？
A. 是　B. 不確定　C. 不能

8. 你能很輕鬆的弄懂一篇文章的要點嗎？
A. 通常能　B. 偶爾能　C. 不能

9. 當你向別人發布命令時，你是否常會辭不達意？
A. 否　B. 不確定　C. 是

10. 你是否對自己所看到的事物充滿了好奇心，並且有探個究竟的想法？
A. 有　B. 不確定　C. 否

11. 你上學時的考試成績不壞嗎？
A. 是　B. 不確定　C. 否

12. 你寫報告時經常會離題嗎？
A. 經常　B. 偶爾　C. 從來沒有

13. 當你發覺說錯話時，是否會窘得說不出話來？
A. 不會　B. 不確定　C. 是

14. 有人說你說話常常不著邊際嗎？
A. 沒有　B. 不確定　C. 有

15. 在電影和電視劇中，你發現過一些不合情理的情節嗎？
A. 多次發現　B. 偶爾發現　C. 沒有發現

16. 你在下棋、打撲克等一類的智力遊戲中常能取勝嗎？
A. 是　B. 不確定　C. 不能

17. 你常不加思索的接受別人的意見嗎？
A. 不能　B. 不確定　C. 是

18. 你善於分析問題嗎？
A. 是　B. 不確定　C. 否

19. 你的同伴有困惑時，是否會經常來詢問你？
A. 是　B. 不確定　C. 否

20. 你覺得想問題是件很累的事嗎？
A. 是　B. 不確定　C. 否

21. 在朋友面前，你發覺自己不小心做了不得體的事時，是否能迅速找一個台階下，使自己擺脫困境？
A. 是　B. 不確定　C. 否

22. 你和別人討論問題時，是否能經常出一些很有價值的主意？
A. 是　B. 不確定　C. 否

23. 你會將問題倒過來考慮嗎？
A. 會　B. 不確定　C. 否

24. 你常與別人辯論嗎？
A. 是　B. 不確定　C. 否

25. 當幾個人為一件事爭論不休時，你是否能從他們各自的說法中找出共同點，然後把他們的觀點統一起來？
A. 通常能　B. 偶爾能　C. 不能

26.大多數情況下，你只要一看（小說或影視）故事的開頭，就能正確猜到結局嗎？

A.是　B.不確定　C.否

27.你的提議經常會被別人忽視或否定嗎？

A.否　B.不確定　C.是

28.在別人與你寒暄尚未切入正題之前，你常常已大致猜到對方的意圖嗎？

A.是　B.不確定　C.否

29.你喜歡看偵探小說或影視片嗎？

A.是　B.不確定　C.否

30.對於生活、工作或學習上遇到的種種問題，你是否能安下心來，認真思考問題的解決方法？

A.是　B.不確定　C.否

評分標準：

回答A，記2分；回答B，記1分；回答C，記0分。然後將各題得分相加，統計總分。

現在來看看您的得分情況：

0～19分

你的思考能力較弱，講話和想問題都缺乏邏輯性，應該加強。

20～40分
你的思考能力一般，這對你的創業很不利。
41～60分
你的思考能力較強，你善於抓住問題的關鍵，說話也顯得有條有理。

第十三課 合作能力 & 實現共贏有時需要與狼共舞

善於思考，善於預見

第十三課　合作能力&實現共贏有時需要與狼共舞

只要你生活在這個世界上，你就必然要與你周圍的人發生各種各樣的聯繫。你不可能擺脫他人而成為一個孤立的個體，尤其是在創業過程中，你更需要與他人合作，共同完成你們所要面臨的工作，這就是我們所說的合作能力。團結就是力量，只有團結起來，才能有強大的力量去面對困難，保護企業和個人的利益。

和氣才能生財

做生意的最大特點，就是要和氣熱情，不厭其煩，要將顧客真正當作自己的上帝一樣去尊重。當有顧客光臨時，即使你的心情很壞，也應該笑臉相迎，美言相邀，對顧客的合理要求有求必應，甚至對顧客過於苛刻的要求，也盡可能滿足或作出一些合理的解釋。當顧客離開時，要熱情相送，不因顧客刁難、苛求而冷淡他們，而是以百倍的忍耐、良好的服務去對待顧客。這才是真正的經商生財之道。

莎士比亞曾經說過：「人們滿意時，就會自覺的付出高昂的代價。」文人尚且能明白這一道理，生意人就更應當認識其中的奧祕了。

吉田忠雄是日本吉田工業公司的總裁，被人稱為「拉鍊大王」。他所經營的公司，早已成為日本最大的拉鍊製造公司。據說，他們生產出的拉鍊長度，足夠在地球到月球之間往返兩次半了。

「拉鍊大王」吉田忠雄有一套自己獨特的經營方略。簡單的說，就是遵循「善的迴圈」。對此他認為：「如果我們散布仁慈的種子，給別人以仁慈，仁慈就會迴圈給我們，仁慈在我們和別人之間不停的迴圈運轉。」他認為，企業賺錢多多益善，但是利潤不可獨吞。為此吉田把利潤分成三部分，推行「利潤三分法」，即以品質較好的產品及低廉的價格，再讓利三分之一給消費者，三分之一給經銷商及代理商，另外的三分之一則留給自己企業的員工和股東。

根據這個原則，吉田忠雄要求公司員工在本公司的儲蓄帳戶上存款，公司則每月按高於日本銀行的定期利息支付給存款員工。這項原則對公司的員工產生了極大的吸引力，也鼓舞著他們對公司投資計畫積極參與。正是吉田開誠布公、互惠讓利、重視公共關係和人際關係，積極創造了「人和的環境」，才博得了各方的讚譽，提高了企業的自身形象，最終贏得了長期、穩定的巨額利潤。

給別人以仁慈，仁慈就會迴圈給我們，和氣才能生財。要發財，首先必須要牢牢記住這個原則：和善帶來吉祥，不和善就會招致災禍，這是非常簡單的道理。

對於我們的「財神」——顧客，要能做到來有迎、去有送，和氣熱情，這是一個經商者最起碼的基本功。聰明的商人，自始至終都會讓顧客如沐春風、如嘗佳餚，獲得一種賓至如歸的感受。每一位顧客到來時，都不能冷落了他們，因為你很難發現誰是真正的大主顧。而一旦冷落或得罪了他們，你的生意就很難做成。所以，面對每一位顧客，都要主動、熱情而和氣。對一個生意人來說，做到和氣並不需要付出很大的代價，而對顧客來說，和氣卻是一種溫暖，是一種心靈的潤滑劑。因為它能幫助每一位生意人與顧客之間建立起良好的人際關係，為經營者帶來財富。如果商人能進一步為顧客當參謀、出主意、權衡各種利弊，幫助顧客下決心，那麼顧客更會感激不盡而頻繁光顧。

將競爭對手變為朋友

俗話說：「在家靠父母，出門靠朋友。」在競爭激烈的生意場上，人緣和朋友尤其重要。善待他人、利益均霑，是生意場上交朋友的原則，而誠實和信譽則是交朋友的保證。香港大亨李嘉誠在生意場上朋友多如繁星，幾乎每個有過一面之交的人，都會成為他的朋友。而也正因為李嘉誠願意和別人成為朋友，最後才成就了的他事業。

李嘉誠是一位極富人格魅力的人，他在商場上馳騁了半個多世紀，卻只有對手，沒有敵人，堪稱天下奇蹟。

在任何情況下，李嘉誠都不以勢壓人，即使對競爭對手亦是如此。他一貫的做人準則就是：「善待他人，做朋友不做敵人。」

商場上充滿了爾虞我詐，能做到心平氣和的對待，幾乎是不可能的事。但是，李嘉誠卻能夠善待他人，讓他人一同分享利益。李嘉誠認為，人要去求生意就比較難，生意跑來找你，你就容易做。一個人最重要是要有勤勞、節儉的美德，對自己可以節儉，但對他人卻要慷慨，並且要講信用、夠朋友。這麼多年來，任何一個國家的人，只要跟李嘉誠做夥伴的，合作之後都能成為很好的朋友，從來沒有因任何事鬧過不開心。

對於合作之後又能成為好朋友這點，最具有說服力的莫過於與老競爭對手怡和的爭奪戰。那時，李嘉誠鼎力幫助包玉剛購得怡和屬下的台柱——九龍倉，又從怡和所控制的英資置地手中購得港燈，還率領華商眾豪「圍攻」置地。然而，李嘉誠並沒為此而與怡和的高層紐壁堅、凱瑟克等成為冤家。在每一次「戰役」之後，他們都能握手言和，繼續聯手發展地產項目。李嘉誠認為，「只有照顧到對方的利益，對方才會願意與你繼續合作。」

能夠在風起雲湧的商海中長盛不衰、屹立不倒的，只有人格高尚、做人做事漂亮的人。縱觀眾多的中外成功企業家，以及那些名聞天下的商界大亨，無一不是富有人格魅力、善於結交的人。

一九八八年，日本和美國兩個商業代表團先後到中國訪問。在參觀時，中國政府給他們安排了兩個地方，一個是鄭州的亞細亞商城，另一個則是浙江義烏的小商品市場。當時這兩國在中國商界最具代表性。

鄭州的亞細亞採取軍事化行動，以逐鹿中原、拿下華北、進軍華南、各個殲滅的戰術，在不到三年的時間裡，就透過殘酷的商業競爭攻城掠地，在中國名聲大起。

而浙江的義烏則恰恰與之相反。他們在中國第一個採取敞門納客的策略，在小城內建了八千多個攤位，希望經營同類產品的外地商家也來義烏與他們同台競爭。同樣，他們也在不到三年時間內，發展成為華東地區最大的小商品商場。

兩個地方，兩種方式，都取得了成功。然而，當通知兩個代表團的時候，他們都以時間倉促為由謝絕了其中的一個——日本人謝絕了浙江的義烏，美國人謝絕了鄭州的亞細亞。

當時，人們以為日本人崇尚武術，想順便去嵩山少林寺；而美國人崇尚浪漫，就應該去杭州西湖。出乎意料的是，參觀結束後，他們都直接飛了回去，日本人沒有去少林寺，美國人也沒有去西湖。

兩年後，人們才從國外零星的資料中得知，日本人之所以去鄭州的亞細亞，是由於他們將《三國演義》的謀略用於商業後，發現並沒有理論上預期的那麼好，他們想從亞細亞找點依據。而美國人之所以去了義烏，是因為他們根本不相信亞細亞的那一套，他們認為，戰爭是你死我活的競爭，而商業經營是讓對方也有錢賺，軍事理論與商業理論根本就是對立的。

有人認為，在市場裡，如果不同行業，則各行其道，各得其所；如果是同一行業，競爭不可避免。

而一提到競爭，我們就認為不是你贏就是我輸，不是你賺就是我虧，甚至爭個「你死我活」。

儘管這種說法千百年來為不少商人所信奉，但真正的賺錢大亨，對此卻不以為然。松下幸之助認為，你多我更多，你好我更好，才稱得上經營有方。同行在他的眼裡是「同仁」，而不是「冤家」。

同行是競爭對手，但絕不是冤家死對頭，要使你的生意興旺發達，就必須學會在同行的競爭中，求生存和發展，將你的競爭同行變成你的朋友。尤其是資力雄厚的同行，勢均力敵，相互較量，競爭殺價，難免會相互中傷，甚至兩敗俱傷。

一九八四年，香港超級市場發生了一場激烈的「戰爭」。這場「戰爭」是由百佳超級市場集團打響的。

一九八四年四月二十六日，在香港擁有七十九家分店的百佳集團，突然刊登商品大減價廣告，宣布幾十種商品削價出售，減價幅度從百分之十～百分之三十百分之三十不等。擁有七十八家分店的另一超級市場集團惠康立刻做出應戰姿態，也把商品的價格壓低，甚至比百佳更低。

百佳、惠康分屬兩個財團，互相之間早有激烈競爭。當時，香港超級市場越開越多，商場雲湧，競爭幾乎進入白熱化狀態。為了刺激消費，這兩大集團爆發了這次降價戰。結果，這場商戰將香港市場攪得風雲亂滾，酣鬥數月，多數商品削價百分之十～百分之二十，甚至一些主要商品降價到成本以下。最終結果，是兩大集團元氣大傷，而一些跟著起鬨又財不大、氣不粗的中小超級市場和商店，更是損失嚴重，有的甚至應聲而倒，有的則是岌岌可危。倒是那些隔岸觀火的中小企業穩如泰山，不盲目介入這場戰事，結果在後來價格回升時獲益不少。

經營者如果將市場競爭看作是非要吃掉對方、擊垮對方，不與對方合作，那是非常錯誤的。在商業領域內，對付競爭對手的最好辦法，就是把他變成並肩作戰一同向前的朋友。雙方互相合作，有飯一起吃，有錢合夥賺，才能形成共榮的局面。

和衷共濟才能渡過危機

企業經營過程中，有時候甚至會面臨重大危機，此時該採取什麼解救措施呢？幾乎每一個企業管理者都會面臨這樣的困難，但松下幸之助處理危機的方式有些與眾不同。

一九二〇年，日本經濟非常不景氣，很多工廠都停產或倒閉了。然而，當時規模並不是很大的松下電器卻在這樣的環境中蓬勃發展。到了一九二一年秋天，松下居然還買了一千五百多平方公尺的土地，開始蓋廠房、建住宅、設事務所、擴大招雇員工規模。

經濟不景氣大都是結構性的，電子電器在當時尤其是在日本，還屬於新興的領域。松下剛一創業開始，就闖進了這一地帶，再加上他精明的生意頭腦和勤奮的勁頭，自然是一路光明。一九二三年，松下發明並大量產銷自行車電池燈，兼營電熨斗、電熱器、電風扇等電器產品，一路揚帆，年年大利。然而在不知不覺中，世界性經濟危機到來了。

由於本身缺乏工業資源的日本，在這場經濟危機中，財經界一天比一天萎縮，因此工廠縮小、倒閉；員工被減薪、解雇；勞資糾紛不斷……然而，在一九二九年裡，松下並不理會到處彌漫的這場危機，已經擁有三處工廠、三百多名員工的他，還在繼續擴張著自己的事業。

和衷共濟才能渡過危機

這一次，松下又在大阪買下了八萬平方公尺的土地，大規模的建設公司總部、第四工廠以及員工住宅等。直到一九二九年十二月底，松下電器才感受到經濟危機帶來的壓力：銷售額劇減一半，倉庫裡堆滿了滯銷品，而更糟糕的是，松下偏偏病倒在床上。

如何渡過這場危機？當時代行社長職務的井植歲男等高級主管，去向休養的松下彙報他們研究的方案：為應付銷售額減少一半的危機，只好減少一半公司生產量，員工也必須裁減一半。

這是一個最通行的工廠渡難關的方案。然而聽到這個方案，松下卻不同意，他認為：生產額減半可以，但員工一個也不能解雇。將開工時間減為半天，但員工的薪資全額給付，不減薪。不過，員工得全力銷售庫存產品。用這個方法，先渡過難關，靜候時局轉變。

有的主管建議，員工可以不解雇，但是既然開工半天，就該減薪一半。

而松下認為，半天工資的損失，是個小問題，使員工們有以工廠為家的觀念才是最重要的。所以任何一個員工都不得解雇，必須照舊雇用。

當員工們聽到松下的指示，無不欣喜，因而人人奮勇、個個盡力，拼全力銷售工廠庫存的產品。

松下的辦法靈得讓人吃驚。由於員工的傾力推銷，公司產品不但沒有再滯銷，反而還出現了產品供不應求的現象，創下了松下公司歷年來最高的銷售額。就在這次世界經濟大危機中，別人的工廠紛紛倒閉，而松下繼興建第四廠之後，又創建了第五、第六工廠！

松下對付經濟危機自有他的一套道理，他認為，國家與企業越不景氣，就越要放寬銀根，擴大生產、擴大就業。如果大家都不蓋房子，木匠就沒有工作做。政府的「緊縮政策」才是經濟不景氣的罪魁。

企業在經營過程中，勢必會面臨無法迴避的波谷期。這個時候，就企業的整體而言，員工不論職位高低，都應該上下一心，共同合作，領導者更要具有領導合作能力，增強企業的凝聚力。要知道，一個方案不是一個人所能獨立完成的，企業的困難也不是一個人就可以解決的。企業遇到困難，最有效的解決方法，就是上下一心，共同合作，一起度過難關。

讓人才發揮作用

企業要運營，要發展，肯定離不開人才，也離不開管理者與人才之間的合作。一個出色的商人，懂得如何察人、選人、用人。一個商人會用人、善於與人合作的表現，就在於他用人不拘一格，千變萬化，因人而用。

龔自珍有詩云：「我勸天公重抖擻，不拘一格降人才。」然而，若商人本身用人拘於一格，老天「不拘一格降人才」又有什麼用？事實上，過於拘泥、不敢大膽用人的商人到處都是。他們的做法常常使得人才無法發揮、無法盡其所能，結果間接的影響企業的生機和競爭力。造成這種後果的商人，最終只會自己堵死自己的財路。

要想避免失敗，避免成為生意衰退的罪人，商人必須放棄保守的觀念，大膽用人、靈活用人、不拘一格的與所選用的人才合作，才能實現共贏的局面。

在亨利．福特與道奇兄弟發生訴訟糾紛時，凱勒的朋友史蒂芬生曾是道奇兄弟的辯護律師。在法庭上，史蒂文生對福特百般羞辱，而凱勒自己則在訴訟中參與案件的複審工作，作出了對福特不利的判決。

然而，福特對此並無芥蒂，他對隨埃茲爾夫婦來拜訪的凱勒夫婦說：「請不要在意，您何苦要仰人鼻息，屈就律師的職位呢？您應該到我這邊來，我會歡迎您的加入的。」

開始，凱勒拒絕福特的邀請。但在一九一六年八月，福特父子組建拖拉機公司的時候，他終於接受了福特的邀請，到福特公司作了一位很有才能的管理者。他與埃茲爾配合默契，常常幫助埃茲爾作出許多正確的決策，引導福特公司順利的應對戰後世界的挑戰。

在戰後的困難時期，凱勒提出了一項節約開支的方案。戰爭期間，他在管理工廠的過程中發現，額外的供應材料在生產前進入工廠，不僅占據工廠有限的空間，還積壓了上百萬的資金。因此，他重新制定了一個減少開支的進貨計畫，規定原材料和零組件只能按計畫購買，運送貨物的車輛卸貨後立即將產品裝運發售。

由於工廠的儲備已經到了飽和點，福特公司存貨積壓了近八千八百萬元的資金。為解決這一問題，凱勒開發了數條新的流水線，加快內部運轉，迅速將積壓的物資變成了成品，並源源運送出廠。凱勒提出的這些措施在挽救一九二〇年冬戰後的蕭條與危機中發揮了關鍵性的作用。

此外，凱勒還努力與公司的其他管理人員合作，一起改善公司的管理結構，使公司更趨於合理。

對於人才，只要是有才能、能助企業走向成功，就應當盡釋前嫌，不拘泥於陳規，大膽的放手啟用，並與之團結合作，使其發揮才幹與潛能。這同樣也是約翰·洛克菲勒成功的關鍵所在。

洛克菲勒一生中樹敵無數，他們之間都存在著一種難以調解的矛盾，即利益的衝突。但是，聰明過人、目光遠大的洛克菲勒卻善於利用這種矛盾，不斷的從敵對勢力中，將最有生存力和競爭力的強者吸收到自己的陣營中來，為己所用。在洛克菲勒帝國的核心領導層中，有很多管理者，都是先是敵人後成為優兵的強者，而且，他們之間都能夠在美孚石油內部友好合作，共同為美孚的發展和擴張努力。

在這群最強的對手中，最具有傳奇色彩的應該算是阿吉波特了。洛克菲勒為了控制石油行業，達到自己在這一領域徹底壟斷的目的，成立了一家名為「南方開發公司」的控股公司，計畫憑此公司來吸收並控制一些有影響的石油公司。南方開發公司甚至還與鐵路大聯盟簽訂了運費協議，使參加這個控股公司的石油企業的運費僅為其他公司的二分之一。一旦這個石油聯盟成立，那些沒有參加聯盟的中小企業，就會面臨破產的命運。

此時，阿吉波特出現了。當時他只有二十四歲，擅長演講，是一位出色的領導天才。他以八百美元的投資投身於煉油業。他經過苦心經營，最終達到月煉油兩萬五千桶。但是，當時他也同樣瀕臨被南方開發公司收購的危機。

在眾多小生產者茫然失措的時候，阿吉波特提出了對策——大封裝，限制各小石油生產者向洛克菲勒集團提供原油，同時，他還印刷了三萬份傳單，分別送給華盛頓聯邦議員和州法院。一時間，輿論大嘩，各界人士紛紛指責洛克菲勒。在重大壓力下，南方開方公司最終沒能成立，洛克菲勒經歷了平生第一次大敗，也遇到了平生第一位強敵。

從那以後，洛克菲勒就開始注意這位年輕人，同時也採取種種策略來分化、瓦解那結成同盟的小石油生產者，以高價收購原油，進而打破了他們的封鎖計畫，瓦解了生產者同盟的防線，並成功的將阿吉波特拉到了自己的陣營中來。

阿吉波特成立了一家新公司，叫艾克美公司，並以其曾領導生產者同盟的威望開始收購各類行業的經營者的股票。慢慢的，他也開始幫洛克菲勒說話，煽動解散生產者同盟，而眾多的小生產者卻不知，這家艾克美公司的股權就掌握在洛克菲勒手中。阿吉波特就這樣協助洛克菲勒一步步的完成了他一統石油界的霸業。

足智多謀的阿吉波特在洛克菲勒從兼併到行業壟斷，一直到最後建立起龐大的托拉斯組織的進程中，都發揮了重大的協助作用，而且逐漸成為美孚石油公司管理層中的後起之秀，深得洛克菲勒的信任。洛克菲勒退休之後，力舉阿吉波特作為第二任董事長，領導他龐大的帝國進一步拓展。

正是由於洛克菲勒善於將眼光投到敵對的陣營中去，他才得以廣攬天下人才，共謀霸業。

在洛克菲勒的帝國中，擁有當時美國最完美的人才機構。他們個個都非常出色，而且各具特色，都能獨當一面。美孚集團的每一位得力幹將也都各負其責。但是，他們都脫離不了洛克菲勒的嚴密控制。他用分而治之的辦法限制他們每個人的表演舞台，使他們強烈的唯我主義保持平衡。而且，洛克菲勒在經營活動中，逐漸向他們灌輸「美孚精神」，培育了一代新型的、忠實不渝的企業管理人員。也正是有了這些高水準的管理人員，洛克菲勒王朝才能在它所開闢的各個領域迅速發展。

洛克菲勒曾自己評價自己的企業管理層：「我的團隊由兩種人組成：一種是有才幹的朋友，一種是有才幹的敵人。敵人是過去的，而今天已經是朋友了。他們絕非是烏合之眾、庸碌之輩，他們全能獨當一面。在經營中，我無需面面俱到，我要做的只是統管全域，確定策略，因為他們每個人都是天才。我想，這就是美孚公司獲得成功的原因。」同樣，這也是洛克菲勒家族獲得成功的原因。

選出最優秀的接班人

企業的未來不可能完全由今天的領導者帶到目的地，而是要靠未來的領導者。因此，當上一個領導退任之後，這個企業必須有一個具備足夠能力來掌舵並引領該企業繼續奔跑的領軍人物。

然而，如何對這些高潛能人才進行開發和培養，為公司的持續發展提供人力資本方面的有效保障？這就需要現任的領導人放遠自己的眼光，選出最優秀的接班人，使企業可以持續的發展、持續的領先。

近些年來，以GE公司首席執行官威爾許讓位，新CEO伊梅爾特成功主政為代表，有計畫有條理的為組織尋找最高執行長官的接班人理論在西方獲得了較快的發展並在實際執行中趨於成熟。這種典型的企業很多，像奇異電氣公司、寶鹼公司、摩托羅拉公司等等。

傑克·威爾許說過：「高效的領導者都意識到，對領導能力最後的考驗就看能否獲得持久的成功，而這需要不斷的培養接班人才能完成。」威爾許並不是只是說說而已，在奇異做了二十年的CEO後，他認為該是自己交棒的時候了。於是，他選好了伊梅爾特作為自己的繼承人，很平靜的完成了職位交接儀式。很多人都認為，威爾許才六十五歲，正值自己職業生涯的巔峰狀態，退休未免太可惜。

但在威爾許自己看來，他作為一個CEO，為企業選擇自己的接班人是職責所在，他必須為企業的未來進行投資。只有這樣，奇異才能走得更遠、更久。對自己的退休，他說：「我並不是因為覺得自己老了或是累了才決定退休的，而是我認為我在這個位置上已經待了二十年了，這個時間太久，公司應該來一個新人給它一個重新的開始。我的成功，要是確實有的話，要由我的繼任者在未來的日子裡來決定。」

在奇異，一向注重接班人的培養和挑選。威爾許的前任雷吉．瓊斯花了七年的時間才最終選定威爾許出任奇異新的CEO，這被人們視為奇異發展史上最為成功的一項決策。

威爾許完全是在奇異電氣公司的內部成長起來的，他二十五歲加入公司，做了二十年後，才登上了奇異電氣公司總裁的寶座。這一切的關鍵都在於，奇異電氣公司有一個優秀的人才培養和選拔機制。

威爾許需要繼續這種決策，他必須花大力氣選定自己的繼承人，這是對他領導力的又一次重要考驗。

在對待接班人問題上，每一個企業都會十分慎重。在福特公司，老福特選擇了亨利二世，這可能是一個錯誤，但艾科卡在克萊斯勒選擇了伊頓作為他的接班人則富有遠見。事實證明，伊頓確實是一個優秀的企業家，他領導克萊斯勒進入了一個新紀元。

合作備忘錄：

NO.1 贏得大眾的青睞，才能獲得旺盛的財氣。

NO.2 在競爭激烈的生意場上，人緣和朋友尤其重要。

NO.3 企業的凝聚力可以幫助企業度過難關。

NO.4 善於用人、敢於用人，使人員之間保持協調，是企業賺取利潤的關鍵所在。

本節測試：你是否有團隊合作能力？

以下測驗能幫助你檢查自己是否具有團隊合作技巧和合作能力。每一項都陳述了一種團隊行為，請根據自己表現這種行為的頻率打分。

答案分為五類：

A. 總是這樣
B. 經常這樣
C. 有時這樣
D. 很少這樣
E. 從不這樣

第十三課 合作能力 & 實現共贏有時需要與狼共舞

選出最優秀的接班人

當你是小組成員時：

1. 你願意提供事實和表達自己的觀點、意見、感受和資訊以說明小組討論。

A　B　C　D　E

2. 你從其他小組成員那裡徵求事實、資訊、觀點、意見和感受，以幫助自己的小組進行討論。
3. 你提出小組以後的工作計畫，並提醒大家注意需完成的任務，以把握小組的方向，你也向不同的小組成員分配不同的責任。
4. 你會集中小組成員所有的相關觀點或建議，然後總結、複述小組所討論的主要論點，為決策所用。
5. 你能帶給小組活力，鼓勵小組成員努力工作，一起完成你們的目標。
6. 你會熱情的鼓勵所有小組成員參與討論，並願意聽取他們的觀點，讓他們知道你珍視他們對群體的貢獻。
7. 你會要求他人對小組的討論內容進行總結，以確保他們理解小組的決策，並能夠了解小組人員正在討論的材料。

8. 你會利用良好的溝通技巧和小組成員一起交流，以保證每個小組成員明白他人的發言。

9. 你觀察小組的工作方式，並利用自己的觀察去幫助大家討論小組成員如何更好的工作。

10. 你會利用幽默有趣的方式工作，藉以減輕小組中人員的緊張感，增加大家一同工作的樂趣。

11. 你促成有分歧的小組成員進行公開討論，以協調思想，增進小組凝聚力。當成員們似乎不能直接解決衝突時，你會及時進行調停。

12. 你向其他成員表達支援、接受和喜愛，當其他成員在小組中表現出建設性行為時，你會給予適當的讚揚。

評分標準：

A（5分）；B（4分）；C（3分）；D（2分）；E（1分）。

測評結果

12～24分

你具有較強的協調能力，但你常常忘記主要目標。你十分強調與小組保持良好關係，為其他成員著想，幫助創造舒適、友好的工作氣氛，但很少關注如何完成任務。

25～36分

你的協調能力一般。你更著重於完成工作，常常忽略維護關係。

37～48分

你的協調能力較好。你努力完成團隊的任務與維護要求，並能最終達到平衡。你還應繼續努力，創造性的結合任務與維護行為，以促成最佳生產力。

49～60分

你是一位具有極強協調能力的人。祝賀你，你還是一位優秀的團隊合作者，並有能力領導一個團隊。

官網

國家圖書館出版品預行編目資料

20 幾歲要怎樣：時間管理 X 理財能力 X 自制力 X 學習力 / 崔英勝著 . -- 第一版 . -- 臺北市：崧燁文化 , 2020.08
面； 公分
POD 版
ISBN 978-986-516-433-1(平裝)
1. 成功法 2. 生活指導
177.2　　109011142

20 幾歲要怎樣
時間管理 X 理財能力 X 自制力 X 學習力

臉書

作　　者：崔英勝　著
發 行 人：黃振庭
出 版 者：崧燁文化事業有限公司
發 行 者：崧燁文化事業有限公司
E-mail：sonbookservice@gmail.com
粉 絲 頁：https://www.facebook.com/sonbookss/
網　　址：https://sonbook.net/
地　　址：台北市中正區重慶南路一段六十一號八樓 815 室
Rm. 815, 8F., No.61, Sec. 1, Chongqing S. Rd., Zhongzheng Dist., Taipei City 100, Taiwan (R.O.C)
電　　話：(02)2370-3310　　傳　　真：(02) 2388-1990
總 經 銷：紅螞蟻圖書有限公司
地　　址：台北市內湖區舊宗路二段 121 巷 19 號
電　　話：02-2795-3656　　傳　　真：02-2795-4100
印　　刷：京峯彩色印刷有限公司（京峰數位）

定　　價：350 元
發行日期：2020 年 8 月第一版
◎本書以 POD 印製